일본어 동사

기초 활용 연습장

다락원 출판부 지음
다나카 미유키 감수

일단 써보자!

일본어 동사 기초 활용 연습장

지은이 다락원 출판부
감수 다나카 미유키
펴낸이 정규도
펴낸곳 (주)다락원
초판 1쇄 발행 2018년 6월 14일
초판 6쇄 발행 2024년 7월 11일

책임편집 한누리, 송화록
디자인 장미연, 정규옥

다락원 경기도 파주시 문발로 211
내용문의: (02)736-2031 내선 460~465
구입문의: (02)736-2031 내선 250~252
Fax: (02)732-2037
출판등록 1977년 9월 16일 제406-2008-000007호

ISBN 978-89-277-1202-2 13730

http://www.darakwon.co.kr

- 다락원 홈페이지를 방문하시면 상세한 출판정보와 함께 동영상강좌, MP3 자료 등 다양한 어학 정보를 얻으실 수 있습니다.
- 다락원 홈페이지에서 「일단 써보자! 일본어 동사 기초 활용 연습장」을 검색하시거나 표지의 QR코드를 스캔하시면 학습에 필요한 자료를 이용하실 수 있습니다.

여는 말

외국어를 열심히 공부하다 보면 누구나 벽을 하나씩 만나곤 합니다. 일본어를 학습할 때 부딪치게 되는 벽에는 무엇이 있을까요? 많은 학습자들이 '동사의 활용'을 어렵다고 꼽습니다. 동사는 왜 이렇게 많고, 활용법은 왜 다르고 동사의 어미에 따라 복잡하게 바뀌는지, 활용 공식만 봐서는 쉽게 알기 어렵습니다. 활용 공식을 열심히 외웠다 한들 필요할 때 자신이 써야할 동사에 응용된 채로 바로바로 튀어나오지 않습니다.

『일단 써보자! 일본어 동사 기초 활용 연습장』은 반복적으로 직접 활용하고 문장을 따라 써봄으로써, 일본어를 배울 때 반드시 알아두어야 하는 80개의 기초 동사를 확실하게 암기하는 동시에, 열한 가지의 동사 기초 활용법을 자연스럽게 자신의 것으로 만들 수 있게 도와주는 교재입니다. 학습 부담을 덜기 위하여 쉬우면서도 명료한 문장을 엄선하였고, 언제든 직접 써볼 수 있게 실용적인 단어와 표현들로 채웠습니다.

외국어 학습은 건축과 동일합니다. 불필요한 벽은 무너뜨리고 토대는 튼튼하게 다져야 실력을 견고하게 쌓을 수 있습니다. 일본어 실력의 기반이 되어줄 동사 기초 활용법과 어휘들을 이 책과 함께 완벽하게 숙지하여 본능적으로 튀어나올 수 있게 만든다면, 앞으로의 일본어 학습이 좀 더 편안하게 다가올 것입니다.

다락원 출판부

이 책의 구성과 학습법

일본어 동사 알아보기

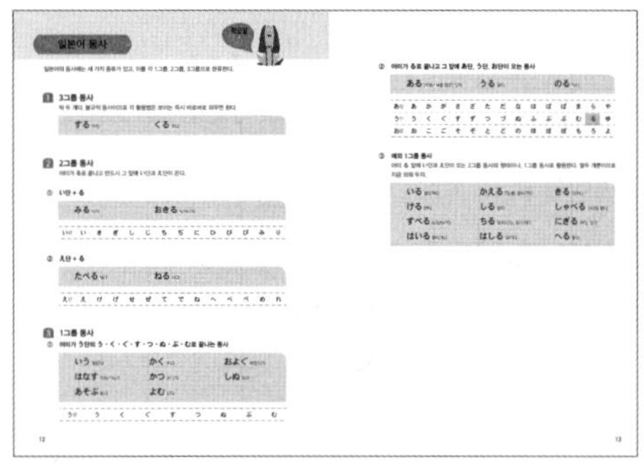

· 히라가나&가타카나

일본어의 기본인 히라가나와 가타카나를 완벽하게 숙지하고 있는지 확인합니다.

· 일본어 동사

일본어 동사의 특징에 대해 알아봅니다.

· 일본어 동사 기초 활용법

동사 기초 활용법인 **ます**형(ます・ました・ません・ませんでした), **ない**형(ない・なかった), **て**형, **의지/청유형**, **가능형**, **희망형**을 학습합니다. 접속 방법과 의미를 확인하고, 미니테스트를 통해 제대로 이해했는지 확인해 볼 수 있습니다.

일본어 동사 활용 연습하기

あう 만나다

학습일 /

1그룹 2그룹 3그룹

あう

해석을 보고 동사 「あう」를 알맞은 형태로 활용하여 빈칸에 적어 봅시다.

・ともだちに ________ 만납니다
・せんぱいに ________ 만났다
・みちで せんせいに ________ 만났습니다
・あしたは ともだちに ________ 만나지 않는다
・きょうは かちょうに ________ 만나지 않습니다
・きのうは かれに ________ 만나지 않았다
・おとといは かのじょに ________ 만나지 않았습니다
・まいにち かれと ________ います。 만나고
・あした しゃちょうに ________ 만나자
・きょうは かれに ________ 만날 수 있다
・あした かのじょに ________ 만나고 싶다

새 단어

ともだち 친구
みち 길
あした 내일
かちょう 과장(님)
おととい 그저께
～と ～와/과
～に(+あう) ～을/를 (+만나다)
～で ～에서
～は ～은/는
きのう 어제
かのじょ 그녀, 여자친구
しゃちょう 사장(님)
せんぱい 선배(님)
せんせい 선생(님)
きょう 오늘
かれ 그, 남자친구
まいにち 매일

33

❶ 학습하는 날짜를 적습니다. 하루에 한 장씩 천천히 공부해도 좋고, 빠른 진도를 위하여 한 번에 여러 장씩 학습해도 좋습니다. 매일매일 꾸준히 할 수 있는 목표를 세워 보세요.

❷ 오늘의 동사와 의미를 확인합니다. 발음부터 쉽게 익힐 수 있게 여기에서는 히라가나로 제시했습니다.

※ 본서에서는 JLPT(일본어능력시험) N5 수준의 동사 80개를 학습합니다. 이 책에 수록된 동사는 '동사 인덱스(p.196)'에서 한눈에 찾아볼 수 있습니다.

❸ 제시된 동사를 보고 1그룹, 2그룹, 3그룹 중 어디에 속하는지 생각한 뒤 체크합니다.

❹ 제시된 동사를 여러 번 써 보면서, 글자와 의미를 확실하게 머릿속에 저장합니다.

❺ 해석을 보고 동사를 알맞은 형태로 활용하여 문장을 완성합니다.

※ PART1에서 학습한 동사 기초 활용법 열한 가지를 연습하지만, 동사 의미에 따라 활용형이 불가능한 경우는 연습을 생략합니다.

❻ 문장에 나온 단어를 정리했습니다. 동사와 활용법을 익히고 난 뒤 단어도 함께 외워둡니다. 단어를 다 익히고 나면 완성한 문장이 어떤 의미일지 생각해 봅시다. 단어는 반복적으로 제시하여 자연스럽게 외워질 수 있게 했습니다. 단어의 한자 표기는 부록 '단어 인덱스(p.199)'에서 확인할 수 있습니다.

※ 본서에서는 JLPT N5 수준의 어휘 약 800개를 학습할 수 있습니다.

❼ 동사는 한자로도 많이 쓰입니다. 한자가 있는 동사는 한자로도 익혀 둡시다.

❽ 앞에서 체크한 동사 그룹이 맞는지 확인합니다.

❾ 트랙 번호입니다. 각 문장의 음성을 들으면서 정확한 발음으로 익힐 수 있게 다락원 홈페이지에서 MP3 파일을 제공합니다.

❿ 문장을 쓰는 연습을 하기 전에 세 번씩 소리내어 읽어 봅시다.

⓫ 부가 설명이 필요한 부분에는 TIP을 달아 놓았습니다.

⓬ 앞에서 연습한 동사 활용이 맞는지 확인해 봅시다. 문장 전체의 의미도 함께 확인합니다.

⓭ 제시된 문장의 의미를 생각하면서 한 번씩 따라 써 봅시다.

학습 도우미 온라인 무료 다운로드

음성(MP3) / 일본어 동사 기초 활용 연습장_한자 어휘 연습장(PDF)

스마트폰 스마트폰으로 QR코드를 스캔하면 다락원 홈페이지의 본서 페이지로 바로 이동합니다.

• 'MP3 듣기' 버튼을 클릭합니다. 스마트폰으로 접속하면 회원 가입과 로그인 절차 없이 바로 MP3 파일을 듣거나 다운로드 받을 수 있습니다.

• '자료실' 버튼을 클릭합니다. 스마트폰으로 접속하면 회원 가입과 로그인 절차 없이 바로 '일본어 동사 기초 활용 연습장_한자 어휘 연습장.PDF' 파일을 보거나 다운로드 받을 수 있습니다.

PC 다락원 홈페이지(www.darakwon.co.kr)에 접속하여 상단 검색창에 「일본어 동사 기초 활용 연습장」을 검색하면 자료실에서 MP3 파일과 PDF파일을 다운로드 받을 수 있습니다. 간단한 회원 가입 절차가 필요합니다.

일본어 동사 기초 활용 연습장

あ 会う 만나다	会う
あした 明日 내일	明日
かちょう 課長 과장(님)	課長
かのじょ 彼女 그녀, 여자친구	彼女
かれ 彼 그, 남자친구	彼
きのう 昨日 어제	昨日
きょう 今日 오늘	会う

목차

부록

PART 1

일본어 동사 알아보기

히라가나&가타카나

일본어 동사

일본어 동사 기초 활용법

히라가나&가타카나

히라가나

	あ행	か행	が행	さ행	ざ행	た행	だ행
あ단	あ a	か ka	が ga	さ sa	ざ za	た ta	だ da
い단	い i	き ki	ぎ gi	し shi	じ zi	ち chi	ぢ zi
う단	う u	く ku	ぐ gu	す su	ず zu	つ tsu	づ zu
え단	え e	け ke	げ ge	せ se	ぜ ze	て te	で de
お단	お o	こ ko	ご go	そ so	ぞ zo	と to	ど do

가타카나

	ア행	カ행	ガ행	サ행	ザ행	タ행	ダ행
ア단	ア a	カ ka	ガ ga	サ sa	ザ za	タ ta	ダ da
イ단	イ i	キ ki	ギ gi	シ shi	ジ zi	チ chi	ヂ zi
ウ단	ウ u	ク ku	グ gu	ス su	ズ zu	ツ tsu	ヅ zu
エ단	エ e	ケ ke	ゲ ge	セ se	ゼ ze	テ te	デ de
オ단	オ o	コ ko	ゴ go	ソ so	ゾ zo	ト to	ド do

な행	は행	ば행	ぱ행	ま행	や행	ら행	わ행	
な na	は ha	ば ba	ぱ pa	ま ma	や ya	ら ra	わ wa	ん n
に ni	ひ hi	び bi	ぴ pi	み mi		り ri		
ぬ nu	ふ fu	ぶ bu	ぷ pu	む mu	ゆ yu	る ru		
ね ne	へ he	べ be	ぺ pe	め me		れ re		
の no	ほ ho	ぼ bo	ぽ po	も mo	よ yo	ろ ro	を o	

ナ행	ハ행	バ행	パ행	マ행	ヤ행	ラ행	ワ행	
ナ na	ハ ha	バ ba	パ pa	マ ma	ヤ ya	ラ ra	ワ wa	ン n
ニ ni	ヒ hi	ビ bi	ピ pi	ミ mi		リ ri		
ヌ nu	フ fu	ブ bu	プ pu	ム mu	ユ yu	ル ru		
ネ ne	ヘ he	ベ be	ペ pe	メ me		レ re		
ノ no	ホ ho	ボ bo	ポ po	モ mo	ヨ yo	ロ ro	ヲ o	

일본어 동사

일본어의 동사에는 세 가지 종류가 있고, 이를 각 1그룹, 2그룹, 3그룹으로 분류한다.

1 3그룹 동사

딱 두 개다. 불규칙 동사이므로 각 활용법은 보이는 즉시 바로바로 외우면 된다.

する 하다　　くる 오다

2 2그룹 동사

어미가 る로 끝나고 반드시 그 앞에 い단과 え단이 온다.

① い단 + る

みる 보다　　おきる 일어나다

い단	い	き	ぎ	し	じ	ち	ぢ	に	ひ	び	ぴ	み	り

② え단 + る

たべる 먹다　　ねる 자다

え단	え	け	げ	せ	ぜ	て	で	ね	へ	べ	ぺ	め	れ

3 1그룹 동사

① 어미가 う단의 う・く・ぐ・す・つ・ぬ・ぶ・む로 끝나는 동사

いう 말하다　　かく 쓰다　　およぐ 헤엄치다
はなす 이야기하다　　かつ 이기다　　しぬ 죽다
あそぶ 놀다　　よむ 읽다

う단	う	く	ぐ	す	つ	ぬ	ぶ	む

② **어미가 る로 끝나고 그 앞에 あ단, う단, お단이 오는 동사**

ある (식물·사물 등이) 있다	うる 팔다	のる 타다

あ단	あ	か	が	さ	ざ	た	だ	な	は	ば	ぱ	ま	ら	や
う단	う	く	ぐ	す	ず	つ	づ	ぬ	ふ	ぶ	ぷ	む	る	ゆ
お단	お	こ	ご	そ	ぞ	と	ど	の	ほ	ぼ	ぽ	も	ろ	よ

③ **예외 1그룹 동사**

어미 る 앞에 い단과 え단이 오는 2그룹 동사의 형태이나, 1그룹 동사로 활용한다. 열두 개뿐이므로 지금 외워 두자.

いる 필요하다	かえる (집에) 돌아가다	きる 자르다
ける 차다	しる 알다	しゃべる 수다를 떨다
すべる 미끄러지다	ちる 떨어지다, 흩어지다	にぎる 쥐다, 잡다
はいる 들어가다	はしる 달리다	へる 줄다

일본어 동사 기초 활용법

1 ます・ました・ません・ませんでした

1 만들기

① **3그룹 동사**
그냥 외운다.

する 하다 →	します 합니다, 할 겁니다
	しました 했습니다
	しません 하지 않습니다, 하지 않을 겁니다
	しませんでした 하지 않았습니다
くる 오다 →	きます 옵니다, 올 겁니다
	きました 왔습니다
	きません 오지 않습니다, 오지 않을 겁니다
	きませんでした 오지 않았습니다

② **2그룹 동사**
어미 る를 없애고 그 자리에 각 「ます・ました・ません・ませんでした」를 붙인다.

たべ+る 먹다 →	たべ+ます 먹습니다, 먹을 겁니다
	たべ+ました 먹었습니다
	たべ+ません 먹지 않습니다, 먹지 않을 겁니다.
	たべ+ませんでした 먹지 않았습니다

③ **1그룹 동사**
어미(う단)를 い단으로 바꾼 다음 각 「ます・ました・ません・ませんでした」를 붙인다.

か+う 사다 → か+い+ます 삽니다, 살 겁니다

か+い+ました 샀습니다

か+い+ません 사지 않습니다, 사지 않을 겁니다

か+い+ませんでした 사지 않았습니다

う단	~~う~~	~~く~~	~~ぐ~~	~~す~~	~~つ~~	~~づ~~	~~ぬ~~	~~ぶ~~	~~む~~	~~る~~
い단	い	き	ぎ	し	ち	ぢ	に	び	み	り

2 의미

① **~ます**: **~(합)니다, ~(할) 겁니다**

'~(합)니다'라는 정중한 표현이다. '~(할) 겁니다' 하고 가까운 미래를 나타내기도 한다.

② **~ました**: **~(했)습니다**

'~(했)습니다'라는 과거를 나타내는 정중한 표현이다.

③ **~ません**: **~(하)지 않습니다, ~(하)지 않을 겁니다**

'~(하)지 않습니다'라는 부정을 나타내는 정중한 표현이다. 가까운 미래를 나타내기도 한다.

④ **~ませんでした**: **~(하)지 않았습니다**

'~(하)지 않았습니다'라는 과거의 부정을 나타내는 정중한 표현이다.

MINI TEST 1 동사에 **ます**와 **ました**를 접속해 봅시다.

3그룹 동사

① する 하다 します しました

② くる 오다 ___ ___

2그룹 동사

③ ねる 자다 ___ ___

④ いる (사람·동물 등이) 있다 ___ ___

⑤ でる 나가다, 나오다

⑥ おきる 일어나다

⑦ まける 지다

⑧ うまれる 태어나다, 생기다

1그룹 동사

⑨ はなす 이야기하다

⑩ よむ 읽다

⑪ まつ 기다리다

⑫ およぐ 헤엄치다, 수영하다

⑬ のむ 마시다

⑭ かえる (집에) 돌아가다

⑮ かつ 이기다

⑯ なる 되다

⑰ あそぶ 놀다

⑱ うる 팔다

⑲ はいる 들어가다, 들어오다

⑳ いく 가다

MINI TEST 2 동사에 **ません**과 **ませんでした**를 접속해 봅시다.

3그룹 동사

① する 하다 しません しませんでした

② くる 오다

2그룹 동사

③ かりる 빌리다

④ こたえる 답하다

⑤ きる 입다

⑥ つかれる 지치다

1그룹 동사

⑦ しる 알다

⑧ あるく 걷다

⑨ ならう 배우다

⑩ しぬ 죽다

⑪ あそぶ 놀다

⑫ たつ 서다

⑬ のる 타다

⑭ まつ 기다리다

⑮ およぐ 헤엄치다, 수영하다

⑯ のむ 마시다

⑰ はじまる 시작되다

⑱ はなす 이야기하다

⑲ かく 쓰다

⑳ ある (식물·사물 등이) 있다

2 た(だ)・て(で)

1 만들기

① 3그룹 동사: 그냥 외운다.

する 하다 →	した 했다
	して 하고, 해서
くる 오다 →	きた 왔다
	きて 오고, 와서

② 2그룹 동사: 어미 る를 없애고 그 자리에 「た・て」를 붙인다.

たべ+る 먹다 → たべ+た 먹었다
たべ+て 먹고, 먹어서

③ 1그룹 동사

• 어미가 「う・つ・る」로 끝나면 어미를 없애고 「っ」를 붙인 뒤, 각 「た・て」를 붙인다.

か+う 사다 → か+っ+た 샀다
か+っ+て 사고, 사서

• 어미가 「く(ぐ)」로 끝나면 어미를 없애고 「い」를 붙인 뒤, 각 「た(だ)・て(で)」를 붙인다.

か+く 쓰다 → か+い+た 썼다
か+い+て 쓰고, 써서
およ+ぐ 헤엄치다 → およ+い+だ 헤엄쳤다
およ+い+で 헤엄치고, 헤엄쳐서

TIP 동사 「いく」의 경우, 법칙에 따라 「いいて」라고 하지 않고 「いって」라고 해야 한다.

• 어미가 「す」로 끝나면 어미를 없애고 「し」를 붙인 뒤, 각 「た・て」를 붙인다.

だ+す 내놓다 → だ+し+た 내놓았다
だ+し+て 내놓고, 내놓아서

• 어미가 「ぬ・ぶ・む」로 끝나면 어미를 없애고 「ん」을 붙인 뒤, 각 「だ・で」를 붙인다.

よ+む 읽다 → よ+ん+だ 읽었다
よ+ん+で 읽고, 읽어서

う단	~~う~~	~~つ~~	~~る~~	~~く~~	~~ぐ~~	~~す~~	~~ぬ~~	~~ぶ~~	~~む~~
	っ			い		し	ん		
	た・て			た・て	だ・で	た・て	だ・で		

2 의미

① **~た: ~(했)다**

과거를 나타내는 표현이다.

② **~て: ~(하)고, ~(해)서**

3 응용 표현

① **~て います: ~(하)고 있습니다**

「~て」로 바꾼 동사에 '있습니다'라는 뜻의 「います」를 붙이면 '~(하)고 있습니다'로 현재진행형 혹은 현재 상태를 나타낸다.

② **~て ください: ~(해) 주세요, ~(하)세요**

「~て」로 바꾼 동사에 '주세요'라는 뜻의 「ください」를 붙이면 '~(해) 주세요, ~(하)세요'라는 뜻으로 부탁, 가벼운 명령을 나타낸다.

MINI TEST 동사에 **た**와 **て**를 접속해 봅시다.

3그룹 동사

① する 하다 した して　　② くる 오다 ____ ____

2그룹 동사

③ おりる 내리다 ____ ____　　④ あける 열다 ____ ____

⑤ おきる 일어나다 ____ ____　　⑥ でる 나가다, 나오다 ____ ____

⑦ みる 보다 ____ ____　　⑧ ねる 자다 ____ ____

1그룹 동사

⑨ けす 지우다 ____ ____

⑩ あそぶ 놀다 ____ ____

⑪ しる 알다 ____ ____　　⑫ かつ 이기다 ____ ____

⑬ のる 타다 ____ ____　　⑭ まつ 기다리다 ____ ____

⑮ ぬぐ 벗다 ____ ____　　⑯ のむ 마시다 ____ ____

⑰ かく 쓰다 ____ ____　　⑱ しぬ 죽다 ____ ____

⑲ はいる 들어가다, 들어오다 ＿＿＿＿ ＿＿＿＿

⑳ いく 가다 ＿＿＿ ＿＿＿

3 ない・なかった

1 만들기

① 3그룹 동사: 그냥 외운다.

する 하다 → しない 하지 않는다
しなかった 하지 않았다
くる 오다 → こない 오지 않는다
こなかった 오지 않았다

② 2그룹 동사: 어미 る를 없애고 그 자리에 각 「ない・なかった」를 붙인다.

たべ+る 먹다 → たべ+ない 먹지 않는다
たべ+なかった 먹지 않았다

③ 1그룹 동사: 어미(う단)를 あ단으로 바꾼 다음 각 「ない・なかった」를 붙인다. 단, 「う」로 끝나는 동사의 경우 「あ」가 아니라 「わ」로 바꾸어야 한다. 또한 동사 「ある(있다)」는 「あらない」라고 하지 않고, い형용사인 「ない(없다)」로 부정을 나타낸다.

い+く 가다 → い+か+ない 가지 않는다
い+か+なかった 가지 않았다
か+う 사다 → か+わ+ない 사지 않는다
か+わ+なかった 사지 않았다
あ+る 있다 → ない 없다 なかった 없었다

う단	う	く	す	つ	ぬ	ぶ	む	る
あ단	あわ	か	さ	た	な	ば	ま	ら

2 의미

① **～ない: ～(하)지 않는다**

'～(하)지 않는다'라는 부정을 나타내는 표현이다. 동사에 「**～ない**」를 접속한 뒤 「**です**」를 붙여서 「**～ないです**」라고 하면, 앞에서 배운 「**～ません**」과 같이 현재 부정의 정중한 표현이 된다.

② **～なかった: ～(하)지 않았다**

'～(하)지 않았다'라는 과거 부정를 나타내는 표현이다. 동사에 「**～なかった**」를 접속한 뒤 「**です**」를 붙이면, 앞에서 배운 「**～ませんでした**」처럼 과거 부정의 정중한 표현이 된다.

3 응용 표현

① **～ないで: ～(하)지 않고**

「**ない**」를 붙인 동사에 「**で**」를 연이어 붙인 이 형태는 '～(하)지 않고'라는 뜻이다.

MINI TEST 동사에 **ない・なかった**를 붙여 봅시다.

3그룹 동사

① する 하다 しない しなかった

② くる 오다 ___ ___

2그룹 동사

③ ねる 자다 ___ ___

④ でる 나가다, 나오다 ___ ___

⑤ おきる 일어나다 ___ ___

⑥ みる 보다 ___ ___

⑦ はじめる 시작하다 ___ ___

⑧ かりる 빌리다 ___ ___

1그룹 동사

⑨ あう 만나다 ___ ___

⑩ かく 쓰다 ___ ___

⑪ はなす 이야기하다 ___ ___

⑫ よむ 읽다 ___ ___

⑬ のる 타다

⑭ まつ 기다리다

⑮ およぐ 헤엄치다, 수영하다

⑯ のむ 마시다

⑰ あそぶ 놀다

⑱ かつ 이기다

⑲ はいる 들어가다, 들어오다

⑳ いく 가다

4 よう(의지·청유)

1 만들기

① 3그룹 동사: 그냥 외운다.

する 하다 → しよう 해야지, 하자

くる 오다 → こよう 와야지, 오자

② 2그룹 동사: 어미 る를 없애고 그 자리에 「よう」를 붙인다.

たべ+る 먹다 → たべ+よう 먹어야지, 먹자

③ 1그룹 동사: 어미(う단)를 お단으로 바꾼 다음 「う」를 붙인다.

か+う 사다 → か+お+う 사야지, 사자

う단	う	く	す	つ	ぬ	ぶ	む	る
お단	お	こ	そ	と	の	ぼ	も	ろ
					う			

2 의미

① **자신의 의지를 나타낸다.**

② **타인에게 권하는 의미를 나타낸다.**

3 응용 표현

① **～ようとおもう(～ようと思う): ～(하)려고 한다**

의지형「～よう」에 '～(라)고 생각한다'라는 뜻의「～とおもう」를 붙이면 막연하게 무엇인가를 하려고 생각할 때 쓸 수 있는 표현이 된다. 동사「おもう」의 현재진행형을 써서「～とおもっている (～(하)려고 하고 있다)」라고도 할 수 있다.

② **～ようとしている: ～(하)려고 한다**

의지형「～よう」에「～としている」를 붙이면 '막 ～(하)려고 하고 있다', '～을/를 하려던 참이다' 라는 뜻이 된다. 자신뿐만 아니라 남에 대해서도 사용할 수 있다.

MINI TEST 동사에 의지·청유를 나타내는 **よう**로 만들어 봅시다.

3그룹 동사

① する 하다 し よ う

② くる 오다 ___ ___ ___

2그룹 동사

③ ねる 자다 ___ ___ ___

④ でる 나가다 ___ ___ ___

⑤ おきる 일어나다 ___ ___ ___ ___

⑥ みる 보다 ___ ___ ___

⑦ はじめる 시작하다 ___ ___ ___ ___ ___

⑧ かりる 빌리다 ___ ___ ___ ___

1그룹 동사

⑨ あう 만나다 ___ ___ ___

⑩ かく 쓰다 ___ ___ ___

⑪ はなす 이야기하다 ___ ___ ___ ___

⑫ よむ 읽다 ____ ____ ____

⑬ のる 타다 ____ ____ ____

⑭ まつ 기다리다 ____ ____ ____

⑮ およぐ 헤엄치다 ____ ____ ____ ____

⑯ のむ 마시다 ____ ____ ____

⑰ あそぶ 놀다 ____ ____ ____ ____

⑱ かつ 이기다 ____ ____ ____

⑲ はいる 들어가다 ____ ____ ____ ____

⑳ いく 가다 ____ ____ ____

5 られる(가능동사)

1 만들기

① **3그룹 동사: 그냥 외운다.**

する 하다 → できる 가능하다

くる 오다 → こられる 올 수 있다

② **2그룹 동사: 어미 る를 없애고 그 자리에 「られる」를 붙인다. 요즘은 「らぬきことば('라'가 빠진 말)」라고 해서 「られる」의 「ら」를 생략하기도 한다.**

たべ+る 먹다 → たべ+られる 먹을 수 있다

たべ+れる 먹을 수 있다

③ **1그룹 동사: 어미(う단)를 え단으로 바꾼 다음 「る」를 붙인다.**

か+う 사다 → か+え+る 살 수 있다

う단	~~う~~	~~く~~	~~す~~	~~つ~~	~~ぬ~~	~~ぶ~~	~~む~~	~~る~~
え단	え	け	せ	て	ね	べ	め	れ

2 의미

① **어떤 동작을 하는 것이 가능함을 나타낸다.**

TIP 동사 자체에 가능의 의미가 들어 있는 경우에는 동사를 가능동사로 바꿀 수 없다.
ex. わかる(이해하다), きこえる(들리다), みえる(보이다), なれる(익숙해지다)

3 응용 표현

① **동사 사전형 + ことが できる: ~(할) 수 있다**

동사를 가능동사로 바꾸지 않고 사전형에 「**ことが できる**(것이 가능하다)」를 붙임으로서 가능의 의미를 나타낼 수 있다.

MINI TEST 동사를 가능동사로 만들어 봅시다.

3그룹 동사

① する 하다 できる

② くる 오다 ____

2그룹 동사

③ ねる 자다 ____

④ でる 나가다, 나오다 ____

⑤ おきる 일어나다 ____

⑥ みる 보다 ____

⑦ はじめる 시작하다 ____

⑧ いる (사람・동물 등이) 있다 ____

1그룹 동사

⑨ あう 만나다 ____

⑩ かく 쓰다 ____

⑪ はなす 이야기하다 ____

⑫ よむ 읽다 ____

⑬ のる 타다 ____

⑭ まつ 기다리다 ____

⑮ およぐ 헤엄치다 ____ ____ ____ ____

⑯ のむ 마시다 ____ ____ ____

⑰ はいる 들어가다, 들어오다 ____ ____ ____ ____

⑱ かつ 이기다 ____ ____ ____

⑲ あそぶ 놀다 ____ ____ ____ ____

⑳ しぬ 죽다 ____ ____ ____

6 たい

1 만들기

① **3그룹 동사**

그냥 외운다.

する 하다 →	したい 하고 싶다.
くる 오다 →	きたい 오고 싶다

TIP 앞에서 배운 「～ます」의 접속 방법과 동일하다.

② **2그룹 동사**

어미 **る**를 없애고 그 자리에 「**たい**」를 붙인다.

たべ + **る** 먹다 → たべ + **たい** 먹고 싶다

③ **1그룹 동사**

어미(う단)를 **い**단으로 바꾼 다음 「**たい**」를 붙인다.

か + **う** 사다 → か + **い** + **たい** 사고 싶다

う단	~~う~~	~~く~~	~~ぐ~~	~~す~~	~~つ~~	~~づ~~	~~ぬ~~	~~ぶ~~	~~む~~	~~る~~
い단	い	き	ぎ	し	ち	ぢ	に	び	み	り

2 의미

'~(하)고 싶다'라고, 희망을 나타내는 표현이다. 정중하게 말하고 싶다면 「**~たい**」에 「**~です**」만 붙이면 된다.

MINI TEST 동사에 **たい**를 접속해 봅시다.

3그룹 동사

① うんどうする 운동하다 うんどうしたい

② くる 오다 ___

2그룹 동사

③ ねる 자다 ___

④ みる 보다 ___

⑤ でる 나가다, 나오다 ___

⑥ かりる 빌리다 ___

⑦ あげる 주다 ___

⑧ おきる 일어나다 ___

1그룹 동사

⑨ はなす 이야기하다 ___

⑩ よむ 읽다 ___

⑪ のる 타다 ___

⑫ およぐ 헤엄치다 ___

⑫ かえる (집에) 돌아가다 ___

⑬ かく 쓰다 ___

⑭ のむ 마시다 ___

⑮ かつ 이기다 ___

⑯ あそぶ 놀다 ___

⑰ はしる 달리다 ___

⑱ しぬ 죽다 ___

⑲ なる 되다 ___

⑳ いく 가다 ___

MINI TEST 모범답안

1 ます・ました・ません・ませんでした

1 ① します しました
② きます きました
③ ねます ねました
④ います いました
⑤ でます でました
⑥ おきます おきました
⑦ まけます まけました
⑧ うまれます うまれました
⑨ はなします はなしました
⑩ よみます よみました
⑪ まちます まちました
⑫ およぎます およぎました
⑬ のみます のみました
⑭ かえります かえりました
⑮ かちます かちました
⑯ なります なりました
⑰ あそびます あそびました
⑱ うります うりました
⑲ はいります はいりました
⑳ いきます いきました

2 ① しません しませんでした
② きません きませんでした
③ かりません かりませんでした
④ こたえません こたえませんでした
⑤ きません きませんでした
⑥ つかれません つかれませんでした
⑦ しりません しりませんでした
⑧ あるきません あるきませんでした
⑨ ならいません ならいませんでした
⑩ しにません しにませんでした
⑪ あそびません あそびませんでした
⑫ たちません たちませんでした
⑬ のりません のりませんでした
⑭ まちません まちませんでした
⑮ およぎません およぎませんでした
⑯ のみません のみませんでした
⑰ はじまりません はじまりませんでした
⑱ はなしません はなしませんでした
⑲ かきません かきませんでした
⑳ ありません ありませんでした

2 た(だ)・て(で)

① した して
② きた きて
③ おりた おりて
④ あけた あけて
⑤ おきた おきて
⑥ でた でて
⑦ みた みて
⑧ ねた ねて
⑨ けした けして
⑩ あそんだ あそんで
⑪ しった しって
⑫ かった かって
⑬ のった のって
⑭ まった まって
⑮ ぬいだ ぬいで
⑯ のんだ のんで
⑰ かいた かいて
⑱ しんだ しんで
⑲ はいった はいって
⑳ いった いって

3 ない・なかった

① しない しなかった
② こない こなかった
③ ねない ねなかった
④ でない でなかった

⑤ おきない　おきなかった
⑥ みない　みなかった
⑦ はじめない　はじめなかった
⑧ かりない　かりなかった
⑨ あわない　あわなかった
⑩ かかない　かかなかった
⑪ はなさない　はなさなかった
⑫ よまない　よまなかった
⑬ のらない　のらなかった
⑭ またない　またなかった
⑮ およがない　およがなかった
⑯ のまない　のまなかった
⑰ あそばない　あそばなかった
⑱ かたない　かたなかった
⑲ はいらない　はいらなかった
⑳ いかない　いかなかった

4 よう(의지·청유)

① しよう
② こよう
③ ねよう
④ でよう
⑤ おきよう
⑥ みよう
⑦ はじめよう
⑧ かりよう
⑨ あおう
⑩ かこう
⑪ はなそう
⑫ よもう
⑬ のろう
⑭ まとう
⑮ およごう
⑯ のもう
⑰ あそぼう
⑱ かとう
⑲ はいろう
⑳ いこう

5 られる(가능동사)

① できる
② こられる
③ ねられる
④ でられる
⑤ おきられる
⑥ みられる
⑦ はじめられる
⑧ いられる
⑨ あえる
⑩ かける
⑪ はなせる
⑫ よめる
⑬ のれる
⑭ まてる
⑮ およげる
⑯ のめる
⑰ はいれる
⑱ かてる
⑲ あそべる
⑳ しねる

6 たい

① うんどうしたい
② きたい
③ ねたい
④ みたい
⑤ でたい
⑥ かりたい
⑦ あげたい
⑧ おきたい

MINI TEST 모범답안

⑨ はなしたい
⑩ よみたい
⑪ のりたい
⑫ およぎたい
⑫ かえりたい
⑬ かきたい
⑭ のみたい
⑮ かちたい
⑯ あそびたい
⑰ はしりたい
⑱ しにたい
⑲ なりたい
⑳ いきたい

PART 2

일본어 동사 활용 연습하기

あう 만나다

あう

해석을 보고 동사 「あう」를 알맞은 형태로 활용하여 빈칸에 적어 봅시다.

- ともだちに ＿＿＿＿。 만납니다
- せんぱいに ＿＿＿。 만났다
- みちで せんせいに ＿＿＿＿＿。 만났습니다
- あしたは ともだちに ＿＿＿＿。 만나지 않는다
- きょうは かちょうに ＿＿＿＿＿。 만나지 않습니다
- きのうは かれに ＿＿＿＿＿＿。 만나지 않았다
- おとといは かのじょに ＿＿＿＿＿＿＿＿。 만나지 않았습니다
- まいにち かれと ＿＿＿ います。 만나고
- あした しゃちょうに ＿＿＿。 만나자
- きょうは かれに ＿＿＿。 만날 수 있다
- あした かのじょに ＿＿＿＿。 만나고 싶다

새 단어

ともだち 친구
みち 길
あした 내일
かちょう 과장(님)
おととい 그저께
～と ～와/과
～に(＋あう) ～을/를 (+만나다)
～で ～에서
～は ～은/는
きのう 어제
かのじょ 그녀, 여자친구
しゃちょう 사장(님)
せんぱい 선배(님)
せんせい 선생(님)
きょう 오늘
かれ 그, 남자친구
まいにち 매일

会(あ)う 만나다 [1 그룹]

또박또박 세 번씩 읽고 예쁘게 따라 써 봅시다.

1 2 3 ・ともだちに 会(あ)います。 친구를 만납니다.

TIP 동사 あう 앞에 오는 목적어에는 조사 に를 사용합니다.

1 2 3 ・せんぱいに 会(あ)った。 선배를 만났다.

1 2 3 ・みちで せんせいに 会(あ)いました。 길에서 선생님을 만났습니다.

1 2 3 ・あしたは ともだちに 会(あ)わない。 내일은 친구를 만나지 않는다.

1 2 3 ・きょうは かちょうに 会(あ)いません。 오늘은 과장님을 만나지 않습니다.

1 2 3 ・きのうは かれに 会(あ)わなかった。 어제는 남자친구를 만나지 않았다.

1 2 3 ・おとといは かのじょに 会(あ)いませんでした。 그저께는 여자친구를 만나지 않았습니다.

1 2 3 ・まいにち かれと 会(あ)って います。 매일 남자친구와 만나고 있습니다.

1 2 3 ・あした しゃちょうに 会(あ)おう。 내일 사장님을 만나자.

1 2 3 ・きょうは かれに 会(あ)える。 오늘은 남자친구를 만날 수 있다.

1 2 3 ・あした かのじょに 会(あ)いたい。 내일 여자친구를 만나고 싶다.

あがる 올라가다, 오르다

あがる

해석을 보고 동사 「あがる」를 알맞은 형태로 활용하여 빈칸에 적어 봅시다.

- かいだんを ＿＿＿＿＿。 올라갑니다
- おくじょうに ＿＿＿＿。 올라갔다
- すこしずつ スピードが ＿＿＿＿＿＿。 올라갔습니다
- のうりつが ＿＿＿＿＿。 능률이 오르지 않는다.
- なかなか しゅうにゅうが ＿＿＿＿＿＿。 오르지 않습니다
- きのうの ぶたいには ＿＿＿＿＿＿＿。 오르지 않았다
- けつあつが ＿＿＿＿＿＿＿＿＿。 오르지 않았습니다
- かぶかが ＿＿＿＿、 うれしい。 올라서
- にかいへ ＿＿＿＿。 올라가자
- エレベーターで ＿＿＿＿。 올라갈 수 있다
- てんきが いいので おくじょうに ＿＿＿＿＿。 올라가고 싶다

새 단어

かいだん 계단	～を ～을/를	おくじょう 옥상
～に ～에(장소)	すこし 조금	～ずつ ～씩
スピード 스피드, 속도	～が ～이/가	のうりつ 능률
なかなか 좀처럼	しゅうにゅう 수입	～の ～의(명사와 명사 연결)
ぶたい 무대	～には ～에는	けつあつ 혈압
かぶか 주가	うれしい 기쁘다, 기쁜	にかい 2층
～へ ～에, ～으로	エレベーター 엘리베이터	せかい 세계
てんき 날씨	いい 좋다, 좋은	～ので ～(하)기 때문에

上(あ)がる 올라가다, 오르다

또박또박 세 번씩 읽고 예쁘게 따라 써 봅시다.

・かいだんを 上(あ)がります。 계단을 올라갑니다.

・おくじょうに 上(あ)がった。 옥상에 올라갔다.

・すこしずつ スピードが 上(あ)がりました。 조금씩 스피드가 올라갔습니다.

・のうりつが 上(あ)がらない。 능률이 오르지 않는다.

・なかなか しゅうにゅうが 上(あ)がりません。
좀처럼 수입이 오르지 않습니다.

・きのうの ぶたいには 上(あ)がらなかった。 어제 무대에는 오르지 않았다.

・けつあつが 上(あ)がりませんでした。 혈압이 오르지 않았습니다.

・かぶかが 上(あ)がって、うれしい。 주가가 올라서 기쁘다.

・にかいへ 上(あ)がろう。 2층으로 올라가자.

・エレベーターで 上(あ)がれる。 엘리베이터로 올라갈 수 있다.

・てんきが いいので おくじょうに 上(あ)がりたい。
날씨가 좋아서 옥상에 올라가고 싶다.

あげる (내가 남에게) 주다

1 그룹 2 그룹 3 그룹

あげる

해석을 보고 동사 「あげる」를 알맞은 형태로 활용하여 빈칸에 적어 봅시다.

- プレゼントを ＿＿＿＿。 줍니다
- ともだちに おかしを ＿＿＿。 주었다
- いもうとに けしょうひんを ＿＿＿＿＿。 주었습니다
- おとうとには なにも ＿＿＿＿。 주지 않는다
- だれにも ねんがじょうを ＿＿＿＿＿＿。 주지 않았다
- ひゃくえんも ＿＿＿＿＿＿＿＿。 주지 않았습니다
- ねこに まいにち えさを ＿＿＿ ください。 줘
- こひつじに ミルクを ＿＿＿＿。 주자
- さかなに えさを ＿＿＿＿＿。 줄 수 있다
- こどもに からだに いい おやつを ＿＿＿＿。 주고 싶다

새 단어

プレゼント 선물	おかし 과자	いもうと 여동생
けしょうひん 화장품	おとうと 남동생	なにも 아무것도
だれにも 아무에게도	ねんがじょう 연하장	ひゃく 백(100)
えん 엔(일본 화폐 단위)	～も ～도	ねこ 고양이
～に ～에게(대상)	えさ 먹이	～てください ～(해) 주세요
こひつじ 새끼양	ミルク 우유	さかな 물고기
こども 아이, 어린이	からだ 몸	おやつ 간식

あげる (내가 남에게) 주다

또박또박 세 번씩 읽고 예쁘게 따라 써 봅시다.

1 2 3 · プレゼントを あげます。 선물을 줍니다.

。

1 2 3 · ともだちに おかしを あげた。 친구에게 과자를 주었다.

。

1 2 3 · いもうとに けしょうひんを あげました。 여동생에게 화장품을 주었습니다.

。

1 2 3 · おとうとには なにも あげない。 남동생에게는 아무것도 주지 않는다.

。

1 2 3 · だれにも ねんがじょうを あげなかった。
아무에게도 연하장을 주지 않았다.

。

1 2 3 · ひゃくえんも あげませんでした。 100엔도 주지 않았습니다.

。

1 2 3 · ねこに まいにち えさを あげて ください。
고양이에게 매일 먹이를 주세요.

。

1 2 3 · こひつじに ミルクを あげよう。 새끼양에게 우유를 주자.

。

1 2 3 · さかなに えさを あげられる。 물고기에게 먹이를 줄 수 있다.

。

1 2 3 · こどもに からだに いい おやつを あげたい。
아이에게 몸에 좋은(건강한) 간식을 주고 싶다.

あそぶ 놀다

1 그룹 2 그룹 3 그룹

あ そ ぶ

해석을 보고 동사 「あそぶ」를 알맞은 형태로 활용하여 빈칸에 적어 봅시다.

・こうえんで ＿＿＿＿＿＿。 놉니다
・きのうは うみで ＿＿＿＿＿＿。 놀았다
・きのうは おそくまで ＿＿＿＿＿＿。 놀았습니다
・にどと ひろしとは ＿＿＿＿＿＿。 놀지 않는다
・はるかは そとで ＿＿＿＿＿＿。 놀지 않습니다
・ゆうべは だれとも ＿＿＿＿＿＿。 놀지 않았다.
・せんしゅうは みゆきと ＿＿＿＿＿＿。
놀지 않았습니다
・うみで ＿＿＿＿ います。 놀고
・きょうは おそくまで ＿＿＿＿＿＿。 놀자
・その こうえんは あめでも ＿＿＿＿＿＿。 놀 수 있다
・あしたは かのじょと ＿＿＿＿＿＿。 놀고 싶다

새 단어

こうえん 공원	うみ 바다	おそく 늦게
～まで ～까지	にどと 두 번 다시	～とは ～와는
そと 밖, 바깥	ゆうべ 지난밤	だれ 누구
～とも ～와도	せんしゅう 지난주	あめでも 비여도, 비가 와도

遊(あそ)ぶ 놀다 1그룹

또박또박 세 번씩 읽고 예쁘게 따라 써 봅시다.

1 2 3 ・こうえんで 遊(あそ)びます。 공원에서 놉니다.

。

1 2 3 ・きのうは うみで 遊(あそ)んだ。 어제는 바다에서 놀았다.

。

1 2 3 ・きのうは おそくまで 遊(あそ)びました。 어제는 늦게까지 놀았습니다.

。

1 2 3 ・にどと ひろしとは 遊(あそ)ばない。 두 번 다시 히로시와는 놀지 않는다.

。

1 2 3 ・はるかは そとで 遊(あそ)びません。 하루카는 밖에서 놀지 않습니다.

。

1 2 3 ・ゆうべは だれとも 遊(あそ)ばなかった。 지난밤에는 아무와도 놀지 않았다.

。

1 2 3 ・せんしゅうは みゆきと 遊(あそ)びませんでした。
지난주에는 미유키와 놀지 않았습니다.

。

1 2 3 ・うみで 遊(あそ)んで います。 바다에서 놀고 있습니다.

。

1 2 3 ・きょうは おそくまで 遊(あそ)ぼう。 오늘은 늦게까지 놀자.

。

1 2 3 ・その こうえんは あめでも 遊(あそ)べる。 그 공원은 비가 와도 놀 수 있다.

。

1 2 3 ・あしたは かのじょと 遊(あそ)びたい。 내일은 여자친구와 놀고 싶다.

あびる (샤워를) 하다, 뒤집어 쓰다

1 그룹 2 그룹 3 그룹

あ び る

해석을 보고 동사 「あびる」를 알맞은 형태로 활용하여 빈칸에 적어 봅시다.

- シャワーを ＿＿＿＿。 합니다
- シャワーを ＿＿＿。 했다
- ほこりを ＿＿＿＿＿。 뒤집어 썼습니다
- シャワーを ＿＿＿＿。 하지 않는다
- シャワーを ＿＿＿＿＿＿。 하지 않았다
- さむくて きょうは シャワーを ＿＿＿＿＿。 하지 않습니다
- きのうは シャワーを ＿＿＿＿＿＿＿＿。 하지 않았습니다
- ホテルで シャワーを ＿＿＿ います。 하고
- ようやく シャワーを ＿＿＿＿＿。 할 수 있다
- シャワーを ＿＿＿＿ と して います。 하려고
- いえで シャワーを ＿＿＿＿。 하고 싶다

새 단어

シャワー 샤워	ほこり 먼지	さむくて 춥고, 추워서
ホテル 호텔	いえ 집	ようやく 겨우

浴(あ)びる (샤워를) 하다, 뒤집어 쓰다

또박또박 세 번씩 읽고 예쁘게 따라 써 봅시다.

- シャワーを 浴(あ)びます。 샤워를 합니다.

  。

- シャワーを 浴(あ)びた。 샤워를 했다.

  。

- ほこりを 浴(あ)びました。 먼지를 뒤집어 썼습니다.

  。

- シャワーを 浴(あ)びない。 샤워를 하지 않는다.

  。

- シャワーを 浴(あ)びなかった。 샤워를 하지 않았다.

  。

- さむくて きょうは シャワーを 浴(あ)びません。
  추워서 오늘은 샤워를 하지 않습니다.

  。

- きのうは シャワーを 浴(あ)びませんでした。
  어제는 샤워를 하지 않았습니다.

  。

- ホテルで シャワーを 浴(あ)びて います。 호텔에서 샤워를 하고 있습니다.

  。

- ようやく シャワーを 浴(あ)びられる。 겨우 샤워를 할 수 있다.

  。

- シャワーを 浴(あ)びようと して います。 샤워를 하려고 합니다.

  。

- いえで シャワーを 浴(あ)びたい。 집에서 샤워를 하고 싶다.

  。

あらう 씻다

あらう

해석을 보고 동사 「あらう」를 알맞은 형태로 활용하여 빈칸에 적어 봅시다.

- かおを ＿＿＿＿＿。 씻습니다
- てを ＿＿＿＿。 씻었다
- かおを ＿＿＿＿＿＿。 씻었습니다
- さらは ＿＿＿＿＿。 씻지 않는다
- コップは ＿＿＿＿＿＿。 씻지 않습니다
- グラスは まだ ＿＿＿＿＿＿＿。 씻지 않았다
- コップは まだ ＿＿＿＿＿＿＿＿＿。 씻지 않았습니다
- グラスを ＿＿＿＿ ください。 씻어
- ここで あしを ＿＿＿＿。 씻을 수 있다
- あそこで あしを ＿＿＿＿。 씻자
- てを ＿＿＿＿＿。 씻고 싶다

새 단어

かお 얼굴	て 손	さら 그릇
コップ 컵	グラス 유리컵	まだ 아직
ここ 이곳, 여기		

あら
洗う 씻다

1 그룹

06 MP3

또박또박 세 번씩 읽고 예쁘게 따라 써 봅시다.

- かおを 洗(あら)います。 얼굴을 씻습니다.

。

- てを 洗(あら)った。 손을 씻었다.

。

- かおを 洗(あら)いました。 얼굴을 씻었습니다.

。

- さらは 洗(あら)わない。 그릇은 씻지 않는다.

。

- コップは 洗(あら)いません。 컵은 씻지 않습니다.

。

- グラスは まだ 洗(あら)わなかった。 유리컵은 아직 씻지 않았다.

。

- コップは まだ 洗(あら)いませんでした。 컵은 아직 씻지 않았습니다.

。

- グラスを 洗(あら)って ください。 유리컵을 씻어 주세요.

。

- ここで あしを 洗(あら)える。 여기에서 발을 씻을 수 있다.

。

- あそこで あしを 洗(あら)おう。 저기에서 발을 씻자.

。

- てを 洗(あら)いたい。 손을 씻고 싶다.

。

ある (식물・사물 등이) 있다

ある

해석을 보고 동사 「ある」를 알맞은 형태로 활용하여 빈칸에 적어 봅시다.

・ここに　りんごが ＿＿＿＿。 있습니다

・ノートは　テーブルの　うえに ＿＿＿。 있었다

・めがねは　かばんの　なかに ＿＿＿＿＿。 있었습니다

・しまった！　キーが ＿＿。 없다

・すみません。おかねが ＿＿＿＿＿。 없습니다

・どこにも　ほんが ＿＿＿＿＿＿＿＿。 없었습니다

・にくが　たくさん ＿＿＿、しあわせです。 있어서

새 단어

りんご 사과	ノート 노트, 공책	テーブル 테이블, 탁자
うえ 위	めがね 안경	かばん 가방
なか 안, 속	しまった 맙소사, 아뿔사(감탄사)	キー 키, 열쇠
すみません 미안합니다	おかね 돈	どこ 어디
～にも ～에도	ほん 책	にく 고기
たくさん 많이	しあわせです 행복합니다	

ある (식물・사물 등이) 있다

또박또박 세 번씩 읽고 예쁘게 따라 써 봅시다.

1 2 3
・ここに りんごが あります。 여기에 사과가 있습니다.

。

1 2 3
・ノートは テーブルの うえに あった。 공책은 탁자 위에 있었다.

。

1 2 3
・めがねは かばんの なかに ありました。
안경은 가방 안에 있었습니다.

。

1 2 3
・しまった！ キーが ない。 맙소사. 열쇠가 없다.

TIP 동사 ある는 부정을 나타낼 때 あらない라고 하지 않고 '없다'라는 의미인 い형용사 「ない」를 사용한다.

。

1 2 3
・すみません。おかねが ありません。 미안해요. 돈이 없습니다.

。

1 2 3
・どこにも ほんが ありませんでした。
어디에도 책이 없었습니다.

。

1 2 3
・にくが たくさん あって、しあわせです。
고기가 많이 있어서 행복합니다.

。

あるく 걷다

1 그룹 2 그룹 3 그룹

あるく

해석을 보고 동사 「あるく」를 알맞은 형태로 활용하여 빈칸에 적어 봅시다.

- みちを ＿＿＿＿＿。 걷습니다
- みちを ＿＿＿＿。 걸었다
- いえまで ＿＿＿＿＿＿。 걸었습니다
- こじまさんは なかなか ＿＿＿＿＿。 걷지 않는다
- きのうは あまり ＿＿＿＿＿＿＿。 걷지 않았다
- きのうは こうえんを ＿＿＿＿＿＿＿＿＿。 걷지 않았습니다
- ゆっくりと ＿＿＿＿ ください。 걸어
- ちょっと ＿＿＿＿。 걷자
- さんじかんは ＿＿＿＿。 걸을 수 있다
- ちょっと ＿＿＿＿＿。 걷고 싶다

새 단어

あまり 그다지　ゆっくり(と) 천천히, 느긋하게　ちょっと 좀, 조금
さんじかん 세 시간

<ruby>ある</ruby>

歩く 걷다

1 그룹

또박또박 세 번씩 읽고 예쁘게 따라 써 봅시다.

1 2 3 ・みちを 歩(ある)きます。 길을 걷습니다.

。

1 2 3 ・みちを 歩(ある)いた。 길을 걸었다.

。

1 2 3 ・いえまで 歩(ある)きました。 집까지 걸었습니다.

。

1 2 3 ・こじまさんは なかなか 歩(ある)かない。 고지마 씨는 좀처럼 걷지 않는다.

。

1 2 3 ・きのうは あまり 歩(ある)かなかった。 어제는 그다지 걷지 않았다.

。

1 2 3 ・きのうは こうえんを 歩(ある)きませんでした。 어제는 공원을 걷지 않았습니다.

。

1 2 3 ・ゆっくりと 歩(ある)いて ください。 천천히 걸어 주세요(걸으세요).

。

1 2 3 ・ちょっと 歩(ある)こう。 좀 걷자.

。

1 2 3 ・さんじかんは 歩(ある)ける。 세 시간은 걸을 수 있다.

。

1 2 3 ・ちょっと 歩(ある)きたい。 좀 걷고 싶다.

。

いう 말하다

いう

해석을 보고 동사 「いう」를 알맞은 형태로 활용하여 빈칸에 적어 봅시다.

- もういちど ＿＿＿＿。 말합니다
- それは うんめいだと ＿＿＿＿。 말했다
- じぶんの いけんを ＿＿＿＿。 말했습니다
- おくれた りゆうを ＿＿＿＿。 말하지 않는다
- それを うんめいだとは ＿＿＿＿。 말하지 않습니다
- じぶんの いけんは ＿＿＿＿。 말하지 않았다
- けんかした りゆうは ＿＿＿＿。 말하지 않았습니다
- もういちど ＿＿＿＿ ください。 말해
- いけんを はっきり ＿＿＿＿。 말하자
- いつも じぶんの いけんが ＿＿＿＿。 말할 수 있다
- しんじつを ＿＿＿＿。 말하고 싶다

새 단어

もういちど 다시 한번	それ 그것	うんめい 운명
〜だ 〜이다	〜と 〜(라)고	じぶん 자기, 자신
いけん 의견	おくれた 늦었다, 늦은	りゆう 이유
〜とは 〜(라)고는	けんかした 싸웠다, 싸운	はっきり 확실히
いつも 언제나, 항상	しんじつ 진실	

言(い)う 말하다 [1 그룹]

또박또박 세 번씩 읽고 예쁘게 따라 써 봅시다.

- もういちど 言(い)います。 다시 한번 말합니다.

- それは うんめいだと 言(い)った。 그것은 운명이라고 말했다.

- じぶんの いけんを 言(い)いました。 자신의 의견을 말했습니다.

- おくれた りゆうを 言(い)わない。
  늦은 이유를 말하지 않는다.

  TIP 동사의 기본형(사전형과 과거형 등)이 명사 앞에 오면 명사를 수식하는 역할을 한다.

- それを うんめいだとは 言(い)いません。 그것을 운명이라고는 말하지 않습니다.

- じぶんの いけんは 言(い)わなかった。 자신의 의견은 말하지 않았다.

- けんかした りゆうは 言(い)いませんでした。 싸운 이유는 말하지 않았습니다.

- もういちど 言(い)って ください。 다시 한번 말해 주세요.

- いけんを はっきり 言(い)おう。 의견을 확실히 말하자.

- いつも じぶんの いけんが 言(い)える。 언제나 자신의 의견을 말할 수 있다.

- しんじつを 言(い)いたい。 진실을 말하고 싶다.

いる (사람 · 동물 등이) 있다

いる

해석을 보고 동사 「いる」를 알맞은 형태로 활용하여 빈칸에 적어 봅시다.

- ねこが ＿＿＿。 있습니다
- おんせんに さるが ＿＿＿。 있었다
- へやには だれも ＿＿＿。 없다
- まどの まえには だれも ＿＿＿。 없었다
- にわに いぬが ＿＿＿。 없습니다
- トイレには だれも ＿＿＿。 없었습니다
- ずっと となりに ＿＿ ください。 있어
- ここでは いっしょに ＿＿＿。 있을 수 있다
- ずっと となりに ＿＿＿。 있을게
- ずっと いっしょに ＿＿＿。 있고 싶다

새 단어

おんせん 온천	さる 원숭이	へや 방
まど 창문	まえ 앞	だれも 아무도, 누구도
にわ 정원	いぬ 개	トイレ 화장실
ずっと 쭉	となり 옆	

いる (사람·동물 등이) 있다

또박또박 세 번씩 읽고 예쁘게 따라 써 봅시다.

1 2 3
· ねこが います。 고양이가 있습니다.

。

1 2 3
· おんせんに さるが いた。 온천에 원숭이가 있었다.

。

1 2 3
· へやには だれも いない。 방에는 아무도 없다.

。

1 2 3
· まどの まえには だれも いなかった。 창문 앞에는 아무도 없었다.

。

1 2 3
· にわに いぬが いません。 정원에 개가 없습니다.

。

1 2 3
· トイレには だれも いませんでした。 화장실에는 아무도 없었습니다.

。

1 2 3
· ずっと となりに いて ください。 쭉 옆에 있어 주세요.

。

1 2 3
· ここでは いっしょに いられる。 이곳에서는 함께 있을 수 있다.

。

1 2 3
· ずっと となりに いよう。 쭉 옆에 있을게.

。

1 2 3
· ずっと いっしょに いたい。 쭉 함께 있고 싶다.

。

うまれる 태어나다, 생기다

1 그룹 2 그룹 3 그룹

うまれる

해석을 보고 동사 「うまれる」를 알맞은 형태로 활용하여 빈칸에 적어 봅시다.

- むすこが ＿＿＿＿＿。 태어납니다
- いもうとが ＿＿＿＿。 태어났다
- おとうとが ＿＿＿＿＿＿。 태어났습니다
- あかちゃんが よていびに ＿＿＿＿＿。 태어나지 않는다
- いい アイディアが ＿＿＿＿＿＿。 생기지 않습니다
- ここすうねん あかちゃんが ＿＿＿＿＿＿＿。 태어나지 않았다
- こいぬは まだ ＿＿＿＿＿＿＿＿＿。 태어나지 않았습니다
- むすめが ＿＿＿＿ うれしい。 태어나서

むすこ 아들
あかちゃん 아기
よていび 예정일
アイディア 아이디어
ここすうねん 최근 몇 년
こいぬ 강아지
むすめ 딸

生(う)まれる 태어나다, 생기다

또박또박 세 번씩 읽고 예쁘게 따라 써 봅시다.

・むすこが 生(う)まれます。 아들이 태어납니다.

____。

・いもうとが 生(う)まれた。 여동생이 태어났다.

____。

・おとうとが 生(う)まれました。 남동생이 태어났습니다.

____。

・あかちゃんが よていびに 生(う)まれない。 아기가 예정일에 태어나지 않는다.

____。

・いい アイディアが 生(う)まれません。 좋은 아이디어가 생기지 않습니다.

____。

・ここすうねん あかちゃんが 生(う)まれなかった。
최근 몇 년 아기가 태어나지 않았다.

____。

・こいぬは まだ 生(う)まれませんでした。 강아지는 아직 태어나지 않았습니다.

____。

・むすめが 生(う)まれて うれしい。 딸이 태어나서 기쁘다.

____。

おきる 일어나다

おきる

해석을 보고 동사 「おきる」를 알맞은 형태로 활용하여 빈칸에 적어 봅시다.

- まいあさ しちじに ＿＿＿＿。 일어납니다
- おそろしい じけんが ＿＿＿＿。 일어났다
- けさ じゅういちじに ＿＿＿＿。 일어났습니다
- ろくじには ＿＿＿＿。 일어나지 않는다
- なかなか やるきが ＿＿＿＿。 일어나지 않습니다.
- ごじには ＿＿＿＿。 일어나지 않았다
- はちじでも ＿＿＿＿。 일어나지 않았습니다
- くじに ＿＿＿＿ ください。 일어나
- あしたは じゅうじ はんに ＿＿＿＿。 일어나자
- めざましどけいが なくても ＿＿＿＿。 일어날 수 있다
- あした よじ さんじゅっぷんに ＿＿＿＿。 일어나고 싶다

새 단어

まいあさ 매일 아침	しちじ 7시	～に ～에(시간)
おそろしい 무섭다, 무서운	じけん 사건	けさ 오늘 아침
じゅういちじ 11시	ろくじ 6시	ごじ 5시
やるき 의욕, 할 마음	はちじ 8시	くじ 9시
じゅうじ 10시	はん 반, 30분	めざましどけい 자명종
なくても 없어도	よじ 4시	さんじゅっぷん 30분

起(お)きる 일어나다

또박또박 세 번씩 읽고 예쁘게 따라 써 봅시다.

1 2 3 ・まいあさ しちじに 起(お)きます。 매일 아침 7시에 일어납니다.

。

1 2 3 ・おそろしい じけんが 起(お)きた。 무서운 사건이 일어났다.

。

1 2 3 ・けさ じゅういちじに 起(お)きました。 오늘 아침 11시에 일어났습니다.

。

1 2 3 ・ろくじには 起(お)きない。 6시에는 일어나지 않는다.

。

1 2 3 ・なかなか やるきが 起(お)きません。 좀처럼 의욕이 일어나지 않습니다.

。

1 2 3 ・ごじには 起(お)きなかった。 5시에는 일어나지 않았다.

。

1 2 3 ・はちじでも 起(お)きませんでした。 8시에도 일어나지 않았습니다.

。

1 2 3 ・くじに 起(お)きて ください。 9시에 일어나 주세요.

。

1 2 3 ・あしたは じゅうじ はんに 起(お)きよう。 내일은 10시 반에 일어나자.

。

1 2 3 ・めざましどけいが なくても 起(お)きられる。 자명종이 없어도 일어날 수 있다.

。

1 2 3 ・あした よじ さんじゅっぷんに 起(お)きたい。
내일 4시 30분에 일어나고 싶다.

。

おしえる 가르치다, 알려주다

1 그룹 2 그룹 3 그룹

おしえる

해석을 보고 동사 「おしえる」를 알맞은 형태로 활용하여 빈칸에 적어 봅시다.

・おんがくを ＿＿＿＿＿。 가르칩니다

・がっこうで すうがくを ＿＿＿＿＿。 가르쳤다

・にほんの ぶんかを ＿＿＿＿＿。 가르쳤습니다

・がっこうで じんせいは ＿＿＿＿＿。 가르치지 않는다

・でんわばんごうは ＿＿＿＿＿。 알려주지 않습니다

・しんじつは だれも ＿＿＿＿＿。 알려주지 않았다

・じゅうしょは ＿＿＿＿＿。 알려주지 않았습니다

・ヨガを ＿＿＿＿＿ います。 가르치고

・ひみつを ＿＿＿＿＿。 알려줄게

・いきかたは わたしが ＿＿＿＿＿。 알려줄 수 있다

・だいがくで フランスごを ＿＿＿＿＿。 가르치고 싶다

새 단어

おんがく 음악　がっこう 학교　すうがく 수학
にほん 일본　ぶんか 문화　じんせい 인생
でんわばんごう 전화번호　じゅうしょ 주소　ヨガ 요가
ひみつ 비밀　いきかた 가는 방법　わたし 나
だいがく 대학　フランスご 프랑스어

教（おし）える 가르치다, 알려주다

또박또박 세 번씩 읽고 예쁘게 따라 써 봅시다.

- おんがくを 教（おし）えます。 음악을 가르칩니다.

　　。

- がっこうで すうがくを 教（おし）えた。 학교에서 수학을 가르쳤다.

　　。

- にほんの ぶんかを 教（おし）えました。 일본 문화를 가르쳤습니다.

　　。

- がっこうで じんせいは 教（おし）えない。 학교에서 인생은 가르치지 않는다.

　　。

- でんわばんごうは 教（おし）えません。 전화번호는 알려주지 않습니다.

　　。

- しんじつは だれも 教（おし）えなかった。 진실은 아무도 알려주지 않았다.

　　。

- じゅうしょは 教（おし）えませんでした。 주소는 알려주지 않았습니다.

　　。

- ヨガを 教（おし）えて います。 요가를 가르치고 있습니다.

　　。

- ひみつを 教（おし）えよう。 비밀을 알려줄게.

　　。

- いきかたは わたしが 教（おし）えられる。 가는 방법은 내가 알려줄 수 있다.

　　。

- だいがくで フランスごを 教（おし）えたい。 대학에서 프랑스어를 가르치고 싶다.

　　。

おぼえる 외우다, 기억하다

1 그룹 2 그룹 3 그룹

おぼえる

해석을 보고 동사 「おぼえる」를 알맞은 형태로 활용하여 빈칸에 적어 봅시다.

- たんごを ＿＿＿＿＿。 외웁니다
- でんわばんごうを ＿＿＿＿＿。 외웠다
- えいたんごを ＿＿＿＿＿。 외웠습니다
- ぶんぽうは ＿＿＿＿＿。 외우지 않는다
- かれは ひとの なまえを なかなか ＿＿＿＿＿。 외우지 않습니다
- いきかたは ＿＿＿＿＿。 외우지 않았다
- うたの いちぶしか ＿＿＿＿＿。 외우지 않았습니다
- じゅうようだから ちゃんと ＿＿＿＿＿ ください。 기억해
- たんごを もっと たのしく ＿＿＿＿＿。 외우자
- ともだちの たんじょうびは ＿＿＿＿＿。 기억할 수 있다
- えいたんごを たくさん ＿＿＿＿＿。 외우고 싶다

새 단어

たんご 단어
なまえ 이름
よく 잘
～しか ～밖에
ちゃんと 정확히, 확실히
たんじょうび 생일
えいたんご 영어 단어
ひと 사람, 남
うた 노래
じゅうようだ 중요하다
もっと 더욱
ぶんぽう 문법
～で ～라서, ～(이)기 때문에
いちぶ 일부
～から ～(하)기 때문에
たのしく 즐겁게

覚(おぼ)える 외우다, 기억하다

또박또박 세 번씩 읽고 예쁘게 따라 써 봅시다.

1 2 3

・たんごを 覚(おぼ)えます。 단어를 외웁니다

______________________________。

1 2 3

・でんわばんごうを 覚(おぼ)えた。 전화번호를 외웠다.

______________________________。

1 2 3

・えいたんごを 覚(おぼ)えました。 영어 단어를 외웠습니다.

______________________________。

1 2 3

・ぶんぽうは 覚(おぼ)えない。 문법은 외우지 않는다.

______________________________。

1 2 3

・かれは ひとの なまえを なかなか 覚(おぼ)えません。

그는 사람 이름을 좀처럼 외우지 않습니다.

______________________________。

1 2 3

・いきかたは 覚(おぼ)えなかった。 가는 방법은 외우지 않았다.

______________________________。

1 2 3

・うたの いちぶしか 覚(おぼ)えませんでした。 노래의 일부밖에 외우지 않았습니다.

______________________________。

1 2 3

・じゅうようだから ちゃんと 覚(おぼ)えて ください。

중요하니까 잘 기억해 주세요.

______________________________。

1 2 3

・たんごを もっと たのしく 覚(おぼ)えよう。 단어를 더욱 즐겁게 외우자.

______________________________。

1 2 3

・ともだちの たんじょうびは 覚(おぼ)えられる。 친구 생일은 기억할 수 있다.

______________________________。

1 2 3

・えいたんごを たくさん 覚(おぼ)えたい。 영어 단어를 많이 외우고 싶다.

______________________________。

おもう 생각하다

おもう

해석을 보고 동사 「おもう」를 알맞은 형태로 활용하여 빈칸에 적어 봅시다.

- それは りんごだと ＿＿＿＿＿。 생각합니다
- とても おかしいと ＿＿＿＿。 생각했다
- ほんとうに きれいだと ＿＿＿＿＿＿。 생각했습니다
- べんりだとは ＿＿＿＿＿。 생각하지 않는다
- じょうずだとは ＿＿＿＿＿＿。 생각하지 않습니다
- うそだと ＿＿＿＿＿＿＿＿＿。 생각하지 않았습니다
- くるまを かおうと ＿＿＿＿ います。 생각하고 있습니다
- その ほうほうは あまり よくないように ＿＿＿＿。 생각할 수 있다(생각된다).
- じぶんが ただしいと ＿＿＿＿＿。 생각하고 싶다

새 단어

とても 무척, 매우	おかしい 이상하다, 이상한	ほんとうに 정말로
きれいだ 예쁘다, 깨끗하다	べんりだ 편리하다	じょうずだ 능숙하다
うそ 거짓말	くるま 자동차	かおう 사야지, 사야겠다
その 그	ほうほう 방법	よくない 좋지 않다
～ように ～(하)도록, ～(하)게끔	ただしい 맞다, 맞는	

思う(おも) 생각하다 1그룹

또박또박 세 번씩 읽고 예쁘게 따라 써 봅시다.

- それは りんごだと 思(おも)います。 그것은 사과라고 생각합니다.

- とても おかしいと 思(おも)った。 무척 이상하다고 생각했다.

- ほんとうに きれいだと 思(おも)いました。 정말로 예쁘다고 생각했습니다.

- べんりだとは 思(おも)わない。 편리하다고는 생각하지 않는다.

- じょうずだとは 思(おも)いません。 능숙하다고는 생각하지 않습니다.

- うそだと 思(おも)いませんでした。 거짓말이라고 생각하지 않았습니다.

- くるまを かおうと 思(おも)って います。 자동차를 사려고 생각하고 있습니다.

- その ほうほうは あまり よくないように 思(おも)える。
  그 방법은 별로 좋지 않게 생각된다.

  TIP おもえる는 '생각되다', '느껴지다'의 뉘앙스가 강하다.

- じぶんが ただしいと 思(おも)いたい。 자신이 맞다고 생각하고 싶다.

およぐ 헤엄치다, 수영하다

1 그룹 2 그룹 3 그룹

およぐ

해석을 보고 동사「およぐ」를 알맞은 형태로 활용하여 빈칸에 적어 봅시다.

- うみで ＿＿＿＿＿。 헤엄칩니다
- プールで ＿＿＿＿＿。 헤엄쳤다
- せんげつ プールで ＿＿＿＿＿。 헤엄쳤습니다
- かわでは ＿＿＿＿＿。 헤엄치지 않는다
- ふゆは ＿＿＿＿＿。 헤엄치지 않습니다
- ことしの なつは ぜんぜん ＿＿＿＿＿。 헤엄치지 않았다
- きのうは ＿＿＿＿＿。 헤엄치지 않았습니다
- むこうまで ＿＿＿＿＿ いきます。 헤엄쳐서
- あの かわで ＿＿＿＿＿。 헤엄치자
- ことしの なつは うみで ＿＿＿＿＿。 헤엄칠 수 있다
- あついので かわで ＿＿＿＿＿。 헤엄치고 싶다

새 단어

プール 수영장	せんげつ 지난달	ふゆ 겨울
かわ 강	ことし 올해	なつ 여름
ぜんぜん 전혀	むこう 건너편	あの 저
あつくて 덥고, 더워서		

泳(およ)ぐ 헤엄치다, 수영하다

1 그룹

또박또박 세 번씩 읽고 예쁘게 따라 써 봅시다.

・うみで 泳(およ)ぎます。 바다에서 헤엄칩니다.

。

・プールで 泳(およ)いだ。 수영장에서 헤엄쳤다.

。

・せんげつ プールで 泳(およ)ぎました。 지난달 수영장에서 헤엄쳤습니다.

。

・かわでは 泳(およ)がない。 강에서는 헤엄치지 않는다.

。

・ふゆは 泳(およ)ぎません。 겨울에는 헤엄치지 않습니다.

。

・ことしの なつは ぜんぜん 泳(およ)がなかった。
올해 여름은 전혀 헤엄치지 않았다.

。

・きのうは 泳(およ)ぎませんでした。 어제는 헤엄치지 않았습니다.

。

・むこうまで 泳(およ)いで いきます。 건너편까지 헤엄쳐서 갈 겁니다

。

・あの かわで 泳(およ)ごう。 저 강에서 헤엄치자.

。

・ことしの なつは うみで 泳(およ)げる。 올해 여름은 바다에서 헤엄칠 수 있다.

。

・あついので かわで 泳(およ)ぎたい。 더우니까 강에서 헤엄치고 싶다.

。

おりる 내리다

おりる

해석을 보고 동사「おりる」를 알맞은 형태로 활용하여 빈칸에 적어 봅시다.

- ここで ______。 내립니다
- そこで ______。 내렸다
- あそこで ______。 내렸습니다
- わたしは ______。 내리지 않는다
- ハンさんは ______。 내리지 않습니다
- ジョンさんは ______。 내리지 않았다
- おばあさんは ______。 내리지 않았습니다
- あそこで ______ ください。 내려 주세요
- ここで ______。 내리자
- ひとりでも ______。 내릴 수 있다
- つぎの えきで ______。 내리고 싶다

새 단어

そこ 그 곳, 거기	**あそこ** 저 곳, 저기	**～さん** ~씨
ひとり 한 명, 혼자	**～でも** ~라도, ~서도	**おばあさん** 할머니
つぎ 다음	**えき** 역	

降(お)りる 내리다

2 그룹

또박또박 세 번씩 읽고 예쁘게 따라 써 봅시다.

1 2 3
- ここで 降(お)ります。 여기에서 내립니다.

。

1 2 3
- そこで 降(お)りた。 거기에서 내렸다.

。

1 2 3
- あそこで 降(お)りました。 저기에서 내렸습니다.

。

1 2 3
- わたしは 降(お)りない。 나는 내리지 않는다.

。

1 2 3
- ハンさんは 降(お)りません。 한 씨는 내리지 않습니다.

。

1 2 3
- ジョンさんは 降(お)りなかった。 존 씨는 내리지 않았다.

。

1 2 3
- おばあさんは 降(お)りませんでした。 할머니는 내리지 않았습니다.

。

1 2 3
- あそこで 降(お)りて ください。 저기에서 내려 주세요(내리세요).

。

1 2 3
- ここで 降(お)りよう。 여기에서 내리자.

。

1 2 3
- ひとりでも 降(お)りられる。 혼자서도 내릴 수 있다.

。

1 2 3
- つぎの えきで 降(お)りたい。 다음 역에서 내리고 싶다.

。

かう 사다

かう

해석을 보고 동사 「かう」를 알맞은 형태로 활용하여 빈칸에 적어 봅시다.

・チーズを ＿＿＿＿。 삽니다

・にんじんを ＿＿＿。 샀다

・ぎゅうにゅうを ＿＿＿＿＿。 샀습니다

・コーラは ＿＿＿＿。 사지 않는다

・りんごは ＿＿＿＿＿＿。 사지 않았다

・ビールは ＿＿＿＿＿＿＿＿。 사지 않았습니다

・アイスクリームを ＿＿＿ ください。 사

・バナナと ももを ＿＿＿。 사자

・その ケーキぐらいは ＿＿＿。 살 수 있다

・くすりを ＿＿＿＿。 사고 싶다

새 단어

チーズ 치즈	にんじん 당근	ぎゅうにゅう 우유
コーラ 콜라	ビール 맥주	アイスクリーム 아이스크림
バナナ 바나나	もも 복숭아	ケーキ 케이크
ぐらい 정도	くすり 약	

買(か)う 사다

1 그룹

또박또박 세 번씩 읽고 예쁘게 따라 써 봅시다.

- チーズを 買(か)います。 치즈를 삽니다.

- にんじんを 買(か)った。 당근을 샀다.

- ぎゅうにゅうを 買(か)いました。 우유를 샀습니다.

- コーラは 買(か)わない。 콜라는 사지 않는다.

- りんごは 買(か)わなかった。 사과는 사지 않았다.

- ビールは 買(か)いませんでした。 맥주는 사지 않았습니다.

- アイスクリームを 買(か)って ください。 아이스크림을 사 주세요.

- バナナと ももを 買(か)おう。 바나나와 복숭아를 사자.

- その ケーキぐらいは 買(か)える。 그 케이크 정도는 살 수 있다.

- くすりを 買(か)いたい。 약을 사고 싶다.

かえる (집에) 돌아가다

かえる

해석을 보고 동사 「かえる」를 알맞은 형태로 활용하여 빈칸에 적어 봅시다.

・らいしゅう いえに ＿＿＿＿＿。 돌아갑니다
・せんげつ ふるさとに ＿＿＿＿。 돌아갔다
・きょねん いえに ＿＿＿＿＿。 돌아갔습니다
・しょうがつも ふるさとには ＿＿＿＿＿。 돌아가지 않는다
・ふるさとには ＿＿＿＿＿＿。 돌아가지 않습니다
・きのう いえに ＿＿＿＿＿＿＿。 돌아가지 않았다
・おととい いえに ＿＿＿＿＿＿＿＿＿。 돌아가지 않았습니다
・いえに ＿＿＿＿ ください。 돌아가
・いまから いえに ＿＿＿＿。 돌아가자
・あした いえに ＿＿＿＿。 돌아갈 수 있다
・はやく ＿＿＿＿＿。 돌아가고 싶다

새 단어

らいしゅう 다음 주	ふるさと 고향	きょねん 작년
しょうがつ 정월, 설	いまから 이제, 지금부터	はやく 빨리(시간)

帰(かえ)る (집에) 돌아가다

1그룹

또박또박 세 번씩 읽고 예쁘게 따라 써 봅시다.

- らいしゅう いえに 帰(かえ)ります。 다음 주에 집에 돌아갑니다.
- せんげつ ふるさとに 帰(かえ)った。 지난달 고향으로 돌아갔다.
- きょねん いえに 帰(かえ)りました。 작년에 집으로 돌아갔습니다.
- しょうがつも ふるさとには 帰(かえ)らない。 설에도 고향에는 돌아가지 않는다.
- ふるさとには 帰(かえ)りません。 고향에는 돌아가지 않습니다.
- きのう いえに 帰(かえ)らなかった。 어제 집에 돌아가지 않았다.
- おととい いえに 帰(かえ)りませんでした。 그저께 집에 돌아가지 않았습니다.
- いえに 帰(かえ)って ください。 집에 돌아가 주세요.
- いまから いえに 帰(かえ)ろう。 이제 집에 돌아가자.
- あした いえに 帰(かえ)れる。 내일 집에 갈 수 있다.
- はやく 帰(かえ)りたい。 빨리 (집에) 돌아가고 싶다.

かく 쓰다

かく

해석을 보고 동사「かく」를 알맞은 형태로 활용하여 빈칸에 적어 봅시다.

・まいにち にっきを ________。 씁니다

・せんせいに てがみを ________。 썼다

・ねんがじょうを ________。 썼습니다

・わたしは めったに てがみを ________。 쓰지 않는다

・じゅうしょは ________。 쓰지 않습니다

・マスコミは しんじつを ________。 쓰지 않았다

・きょねんは ねんがじょうを ________。
쓰지 않았습니다

・ねる まえに にっきを ________ います。 쓰고

・にほんごで にっきを ________。 쓰자

・しょうせつは だれでも ________。 쓸 수 있다

・いつか しょうせつを ________。 쓰고 싶다

새 단어

にっき 일기
マスコミ 언론
にほんご 일본어
いつか 언젠가
てがみ 편지
ねる 자다
しょうせつ 소설
めったに 거의
～まえに ～(하)기 전에
だれでも 누구든지

書(か)く 쓰다 1그룹

또박또박 세 번씩 읽고 예쁘게 따라 써 봅시다.

- まいにち にっきを 書(か)きます。 매일 일기를 씁니다.

- せんせいに てがみを 書(か)いた。 선생님에게 편지를 썼다.

- ねんがじょうを 書(か)きました。 연하장을 썼습니다.

- わたしは めったに てがみを 書(か)かない。 나는 거의 편지를 쓰지 않는다.

- じゅうしょは 書(か)きません。 주소는 쓰지 않습니다.

- マスコミは しんじつを 書(か)かなかった。 언론은 진실을 쓰지 않았다.

- きょねんは ねんがじょうを 書(か)きませんでした。 작년에는 연하장을 쓰지 않았습니다.

- ねる まえに にっきを 書(か)いて います。 자기 전에 일기를 쓰고 있습니다.

- にほんごで にっきを 書(か)こう。 일본어로 일기를 쓰자.

- しょうせつは だれでも 書(か)ける。 소설은 누구든지 쓸 수 있다.

- いつか しょうせつを 書(か)きたい。 언젠가 소설을 쓰고 싶다.

かける 걸다, 쓰다

かける

해석을 보고 동사「かける」를 알맞은 형태로 활용하여 빈칸에 적어 봅시다.

- でんわを ________。 겁니다
- かばんに かぎを ________。 걸었다
- ふじまさんに こえを ________。 걸었습니다
- かべに しゃしんは ________。 걸지 않는다
- かべに えは ________。 걸지 않습니다
- きょうは めがねを ________。 쓰지 않았다
- かんばんは まだ ________。 걸지 않았습니다
- めがねを ________ でかける。 쓰고
- よしださんに でんわを ________。 걸자
- この じかんには ながやまさんに でんわを ________。 걸 수 있다
- さとうさんに でんわを ________。 걸고 싶다

새 단어

でんわ 전화	かぎ 열쇠	こえ 목소리, 말
かべ 벽	しゃしん 사진	え 그림
かんばん 간판	でかける 외출하다	じかん 시간

掛(か)ける 걸다, 쓰다 2 그룹

또박또박 세 번씩 읽고 예쁘게 따라 써 봅시다.

1 2 3 ・でんわを 掛(か)けます。 전화를 겁니다.

。

1 2 3 ・かばんに かぎを 掛(か)けた。 가방에 열쇠를 걸었다.(가방을 열쇠로 잠궜다.)

。

1 2 3 ・ふじまさんに こえを 掛(か)けました。 후지마 씨에게 말을 걸었습니다.

。

1 2 3 ・かべに しゃしんは 掛(か)けない。 벽에 사진은 걸지 않는다.

。

1 2 3 ・かべに えは 掛(か)けません。 벽에 그림은 걸지 않습니다.

。

1 2 3 ・きょうは めがねを 掛(か)けなかった。 오늘은 안경을 쓰지 않았다.

。

1 2 3 ・かんばんは まだ 掛(か)けませんでした。 간판은 아직 걸지 않았습니다.

。

1 2 3 ・めがねを 掛(か)けて でかける。 안경을 쓰고 외출한다.

。

1 2 3 ・よしださんに でんわを 掛(か)けよう。 요시다 씨에게 전화를 걸자.

。

1 2 3 ・この じかんには ながやまさんに でんわを 掛(か)けられる。
이 시간에는 나가야마 씨에게 전화를 걸 수 있다.

。

1 2 3 ・さとうさんに でんわを 掛(か)けたい。 사토 씨에게 전화를 걸고 싶다.

。

かつ 이기다

かつ

해석을 보고 동사「かつ」를 알맞은 형태로 활용하여 빈칸에 적어 봅시다.

- ライバルチームに ________。 이깁니다(이길 겁니다)
- にほんに ________。 이겼다
- ちゅうごくに ________。 이겼습니다
- その しあいで ________ と…。 이기지 않는다
- じぶんの おうえんした チームは いつも ________。 이기지 않습니다
- いちども ________。 이기지 않았다
- くもは たいように ________。 이기지 않았습니다
- かならず ________ かえります。 이겨서
- かならず ________。 이기자
- その チームには ________。 이길 수 있다
- こんかいは かならず ________。 이기고 싶다

새 단어

ライバル 라이벌
しあい 시합
いちども 한번도
かならず 반드시
チーム 팀
～と ~(하)면
くも 구름
こんかい 이번
ちゅうごく 중국
おうえんした 응원했다, 응원한
たいよう 태양, 해

勝(か)つ 이기다 1 그룹

또박또박 세 번씩 읽고 예쁘게 따라 써 봅시다.

・ライバルチームに 勝(か)ちます。 라이벌 팀에게 이길 겁니다.

・にほんに 勝(か)った。 일본에게 이겼다.

・ちゅうごくに 勝(か)ちました。 중국에게 이겼습니다.

TIP ない 뒤에 と를 붙이면 가정형이 된다.

・その しあいで 勝(か)たないと。 그 시합에서 이기지 않으면….

・じぶんの おうえんした チームは いつも 勝(か)ちません。
자신이 응원한 팀은 항상 집니다(이기지 않습니다).

TIP 이길 수 있는 상대였지만 (사정이 있어서) 일부러 졌다는 뜻이 함유되어 있다.

・いちども 勝(か)たなかった。 한번도 이기지 않았다.

・くもは たいように 勝(か)ちませんでした。 구름은 해에게 이기지 않았습니다.

・かならず 勝(か)って かえります。 반드시 이겨서 집에 돌아갑니다.

・かならず 勝(か)とう。 반드시 이기자.

・その チームには 勝(か)てる。 그 팀에게는 이길 수 있다.

・こんかいは かならず 勝(か)ちたい。 이번에는 반드시 이기고 싶다.

かりる 빌리다

かりる

해석을 보고 동사 「かりる」를 알맞은 형태로 활용하여 빈칸에 적어 봅시다.

- おかねを ________。 빌립니다
- えいがの DVDを ________。 빌렸다
- おねえさんに ふくを ________。 빌렸습니다
- おかねは ぜったい ________。 빌리지 않는다
- こんかいは レンタカーを ________。 빌리지 않았다
- こんかいは バイクを ________。 빌리지 않습니다
- おかねは いちえんも ________。 빌리지 않았습니다
- としょかんで ほんを ________ よんだ。 빌려서
- こうえんで じてんしゃを ________。 빌리자
- としょかんでは ほんが ________。 빌릴 수 있다
- あたらしい いえを ________。 빌리고 싶다

새 단어

えいが 영화
ぜったい 절대
いち 1
じてんしゃ 자전거
おねえさん 언니, 누나
レンタカー 렌터카
としょかん 도서관
あたらしい 새롭다, 새로운
ふく 옷
バイク 오토바이
よんだ 읽었다

<ruby>借<rt>か</rt></ruby>りる 빌리다 2그룹

또박또박 세 번씩 읽고 예쁘게 따라 써 봅시다.

・おかねを 借りります。 돈을 빌립니다.

・えいがの DVDを 借りた。 영화 DVD를 빌렸다.

・おねえさんに ふくを 借りました。 언니에게 옷을 빌렸습니다.

・おかねは ぜったい 借りない。 돈은 절대 빌리지 않는다.

・こんかいは レンタカーを 借りなかった。 이번에는 렌터카를 빌리지 않았다.

・こんかいは バイクを 借りません。 이번에는 오토바이를 빌리지 않습니다.

・おかねは いちえんも 借りませんでした。 돈은 1엔도 빌리지 않았습니다.

・としょかんで ほんを 借りて よんだ。 도서관에서 책을 빌려서 읽었다.

・こうえんで じてんしゃを 借りよう。 공원에서 자전거를 빌리자.

・としょかんでは ほんが 借りられる。 도서관에서는 책을 빌릴 수 있다.

・あたらしい いえを 借りたい。 새 집을 빌리고 싶다.

かんがえる 생각하다

かんがえる

해석을 보고 동사 「かんがえる」를 알맞은 형태로 활용하여 빈칸에 적어 봅시다.

- ちょっと ＿＿＿＿＿＿。 생각하겠습니다
- ひとりで ゆっくりと ＿＿＿＿＿＿。 생각했다
- きのう ひとばんじゅう ＿＿＿＿＿＿。 생각했습니다
- みついさんは まじめに ＿＿＿＿＿＿。 생각하지 않는다
- もんだいの こたえしか ＿＿＿＿＿＿。 생각하지 않습니다
- その あんに ついては ＿＿＿＿＿＿。 생각하지 않았다
- にっていは ＿＿＿＿＿＿。 생각하지 않았습니다
- みんなで ＿＿＿＿＿＿ ください。 생각해
- それに ついては もっと ＿＿＿＿＿＿。 생각하자
- げんいんは ちょうさけっかから ＿＿＿＿＿＿。 생각할 수 있다
- しょうらいに ついて ＿＿＿＿＿＿。 생각하고 싶다

새 단어

ひとりで 혼자서
もんだい 문제
〜に ついては 〜에 관해서는
げんいん 원인
わたしたち 우리
ひとばんじゅう 밤새
こたえ 답
にってい 일정
ちょうさけっか 조사 결과
しょうらい 장래, 미래
まじめに 성실하게, 진지하게
あん 안, 대안
みんなで 다 같이
〜から 〜로부터, 〜에서

かんが
考える 생각하다

또박또박 세 번씩 읽고 예쁘게 따라 써 봅시다.

・ちょっと 考(かんが)えます。 잠깐 생각하겠습니다.

。

・ひとりで ゆっくりと 考(かんが)えた。 혼자서 천천히 생각했다.

。

・きのう ひとばんじゅう 考(かんが)えました。 어제 밤새 생각했습니다.

。

・みついさんは まじめに 考(かんが)えない。 미쓰이 씨는 진지하게 생각하지 않는다.

。

・もんだいの こたえしか 考(かんが)えません。 문제의 답밖에 생각하지 않습니다.

。

・その あんに ついては 考(かんが)えなかった。 그 안에 관해서는 생각하지 않았다.

。

・にっていは 考(かんが)えませんでした。 일정은 생각하지 않았습니다.

。

・みんなで 考(かんが)えて ください。 다 같이 생각해 주세요.

。

・それに ついては もっと 考(かんが)えよう。 그것에 대해서는 더 생각하자.

。

・げんいんは ちょうさけっかから 考(かんが)えられる。
원인은 조사 결과로부터 생각할 수 있다.

。

・しょうらいに ついて 考(かんが)えたい。 장래에 대해서 생각하고 싶다.

。

きく 듣다, 묻다

きく

해석을 보고 동사 「きく」를 알맞은 형태로 활용하여 빈칸에 적어 봅시다.

・おんがくを ＿＿＿＿。 듣습니다
・ともだちの なやみを ＿＿＿。 들었다
・わからない ことは せんせいに ＿＿＿＿＿。 물었습니다
・いとうさんは ひとの はなしを ＿＿＿＿。 듣지 않는다
・つまらない はなしは ＿＿＿＿＿。 듣지 않습니다
・その はなしは ＿＿＿＿＿＿。 듣지 않았다
・せんせいの いう ことを あまり ＿＿＿＿＿＿＿＿。 듣지 않았습니다
・わからない ことは わたしに ＿＿＿ ください。 물어
・わからない ことは せんせいに ＿＿＿。 묻자
・あそこで おんがくが ＿＿＿。 들을 수 있다
・その バンドの おんがくが ＿＿＿＿。 듣고 싶다

새 단어

なやみ 고민	わからない 모른다, 모르는	こと 것
はなし 이야기, 말	つまらない 지루하다, 지루한	バンド 밴드

聞(き)く 묻다, 듣다 1그룹

또박또박 세 번씩 읽고 예쁘게 따라 써 봅시다.

1 2 3
・おんがくを 聞(き)きます。 음악을 듣습니다.

。

1 2 3
・ともだちの なやみを 聞(き)いた。 친구의 고민을 들었다.

。

1 2 3
・わからない ことは せんせいに 聞(き)きました。
모르는 것은 선생님에게 물었습니다.

。

1 2 3
・いとうさんは ひとの はなしを 聞(き)かない。 이토 씨는 남의 말을 듣지 않는다.

。

1 2 3
・つまらない はなしは 聞(き)きません。 지루한 이야기는 듣지 않습니다.

。

1 2 3
・その はなしは 聞(き)かなかった。 그 이야기는 듣지 않았다.

。

1 2 3
・せんせいの いう ことを あまり 聞(き)きませんでした。
선생님의 말을 잘 안 들었습니다.

。

1 2 3
・わからない ことは わたしに 聞(き)いて ください。 모르는 것은 내게 물어 주세요.

。

1 2 3
・わからない ことは せんせいに 聞(き)こう。 모르는 것은 선생님에게 묻자.

。

1 2 3
・あそこで おんがくが 聞(き)ける。 저기에서 음악을 들을 수 있다.

。

1 2 3
・その バンドの おんがくが 聞(き)きたい。 그 밴드의 음악을 듣고 싶다.

。

きる 입다

きる

해석을 보고 동사 「きる」를 알맞은 형태로 활용하여 빈칸에 적어 봅시다.

- シャツを ＿＿＿。 입습니다
- さむくて コートを ＿＿。 입었다
- ジャケットを ＿＿＿＿。 입었습니다
- コートは ＿＿＿。 입지 않는다
- あつくて うわぎは ＿＿＿＿。 입지 않습니다
- あつくて コートは ＿＿＿＿＿。 입지 않았다
- その ワイシャツは いちども ＿＿＿＿＿＿＿。 입지 않았습니다
- あかい ブラウスを ＿＿ います。 입고
- すきな ふくを ＿＿＿。 입자
- この ジャケットは カジュアルに ＿＿＿＿。 입을 수 있다
- きいろい ドレスが ＿＿＿。 입고 싶다

새 단어

シャツ 셔츠	コート 코트	ジャケット 재킷
うわぎ 겉옷, 상의	ワイシャツ 와이셔츠	あかい 빨갛다, 빨간
ブラウス 블라우스	すきな 좋아하는	この 이~
カジュアルに 캐주얼하게	きいろい 노랗다, 노란	ドレス 드레스

着(き)る 입다 2 그룹

또박또박 세 번씩 읽고 예쁘게 따라 써 봅시다.

1 2 3 ・シャツを 着(き)ます。 셔츠를 입습니다.

1 2 3 ・さむくて コートを 着(き)た。 추워서 코트를 입었다.

1 2 3 ・ジャケットを 着(き)ました。 재킷을 입었습니다.

1 2 3 ・コートは 着(き)ない。 코트는 입지 않는다.

1 2 3 ・あつくて うわぎは 着(き)ません。 더워서 겉옷은 입지 않습니다.

1 2 3 ・あつくて コートは 着(き)なかった。 더워서 코트는 입지 않았다.

1 2 3 ・その ワイシャツは いちども 着(き)ませんでした。
그 와이셔츠는 한번도 입지 않았습니다.

1 2 3 ・あかい ブラウスを 着(き)て います。 빨간 블라우스를 입고 있습니다.

1 2 3 ・すきな ふくを 着(き)よう。 좋아하는 옷을 입자.

1 2 3 ・この ジャケットは カジュアルに 着(き)られる。
이 재킷은 캐주얼하게 입을 수 있다.

1 2 3 ・きいろい ドレスが 着(き)たい。 노란 드레스를 입고 싶다.

きる 자르다

きる

해석을 보고 동사 「きる」를 알맞은 형태로 활용하여 빈칸에 적어 봅시다.

- リボンを ＿＿＿＿。 자릅니다.
- かみのけを　みじかく ＿＿＿。 잘랐다
- ふくの　タグを ＿＿＿＿＿。 잘랐습니다
- きゅうりは ＿＿＿＿。 자르지 않는다
- じゃがいもは　いま ＿＿＿＿＿。 자르지 않습니다
- いっかげつも　つめを ＿＿＿＿＿＿。 자르지 않았다
- たまねぎは　まだ ＿＿＿＿＿＿＿＿。 자르지 않았습니다
- きれいに ＿＿＿ ください。 잘라 주세요
- はさみで　いろがみを ＿＿＿。 자르자
- この　ほうちょうで　あんぜんに ＿＿＿。 자를 수 있다

새 단어

リボン 리본	かみのけ 머리카락	みじかく 짧게
タグ 태그	きゅうり 오이	じゃがいも 감자
いっかげつも 한 달이나	たまねぎ 양파	つめ 손톱
きれいに 예쁘게, 깨끗하게	はさみ 가위	～で ～로(도구)
いろがみ 색종이	ほうちょう 칼	あんぜんに 안전하게

切る 자르다

1그룹

또박또박 세 번씩 읽고 예쁘게 따라 써 봅시다.

1 2 3 ・リボンを 切ります。 리본을 자릅니다.

。

1 2 3 ・かみのけを みじかく 切った。 머리카락을 짧게 잘랐다.

。

1 2 3 ・ふくの タグを 切りました。 옷의 태그를 잘랐습니다.

。

1 2 3 ・きゅうりは 切らない。 오이는 자르지 않는다.

。

1 2 3 ・じゃがいもは いま 切りません。 감자는 지금 자르지 않습니다.

。

1 2 3 ・いっかげつも つめを 切らなかった。 한달이나 손톱을 자르지 않았다.

。

1 2 3 ・たまねぎは まだ 切りませんでした。 양파는 아직 자르지 않았습니다.

。

1 2 3 ・きれいに 切って ください。 예쁘게 잘라 주세요.

。

1 2 3 ・はさみで いろがみを 切ろう。 가위로 색종이를 자르자.

。

1 2 3 ・この ほうちょうで あんぜんに 切れる。 이 칼로 안전하게 자를 수 있다.

。

くる 오다

くる

해석을 보고 동사 「くる」를 알맞은 형태로 활용하여 빈칸에 적어 봅시다.

- がっこうに ＿＿＿＿。 옵니다
- デパートに ＿＿＿。 왔다
- もりさんは きのう かいしゃに ＿＿＿＿。 왔습니다
- たなかさんは かいしゃに ＿＿＿。 오지 않는다
- メールが ＿＿＿＿。 오지 않습니다
- メールは まだ ＿＿＿＿＿。 오지 않았다
- すずきさんは きのう かいしゃに ＿＿＿＿＿＿＿。 안 왔습니다
- あさ しちじから ＿＿ います。 와
- こんどは なかださんと ＿＿＿。 오자
- あさ しちじには ＿＿＿＿。 올 수 있다
- こんどは あやのさんと ＿＿＿。 오고 싶다

새 단어

デパート 백화점　かいしゃ 회사　メール 메일
あさ 아침　こんど 이 다음

来(く)る 오다 3그룹

28 MP3

또박또박 세 번씩 읽고 예쁘게 따라 써 봅시다.

- がっこうに 来(き)ます。 학교에 옵니다.
- デパートに 来(き)た。 백화점에 왔다.
- もりさんは きのう かいしゃに 来(き)ました。 모리 씨는 어제 회사에 왔습니다.
- たなかさんは かいしゃに 来(こ)ない。 다나카 씨는 회사에 오지 않는다.
- メールが 来(き)ません。 메일이 오지 않습니다.
- メールは まだ 来(こ)なかった。 메일은 아직 오직 않았다.
- すずきさんは きのう かいしゃに 来(き)ませんでした。 스즈키 씨는 어제 회사에 안 왔습니다.
- あさ しちじから 来(き)て います。 아침 일곱 시부터 와 있습니다.
- こんどは なかださんと 来(こ)よう。 이 다음에는 나카다 씨와 오자.
- あさ しちじには 来(こ)られる。 아침 일곱 시에는 올 수 있다.
- こんどは あやのさんと 来(き)たい。 이 다음에는 아야노 씨와 오고 싶다.

くれる (남이 나에게) 주다

くれる

해석을 보고 동사 「くれる」를 알맞은 형태로 활용하여 빈칸에 적어 봅시다.

- わたしの かれは いつも はなたばを ＿＿＿＿。 줍니다
- みなみさんは わたしに ろくまんえんを ＿＿＿。 주었다
- ともだちは ワインと チーズを ＿＿＿＿＿。 주었습니다
- かのじょは いつも でんわを ＿＿＿＿。 주지 않는다
- しゃちょうは わたしには ボーナスを ＿＿＿＿＿。 주지 않습니다
- かれは わたしには チケットを ＿＿＿＿＿＿。 주지 않았다
- あかぎさんは わたしには ジュースを ＿＿＿＿＿＿＿＿。 주지 않았습니다
- たんじょうびに かれが ゆびわを ＿＿＿ うれしかった。 줘서

새 단어

はなたば 꽃다발	ろくまんえん 6만엔	ワイン 와인
はな 꽃	ボーナス 보너스	チケット 티켓
ジュース 주스	ゆびわ 반지	うれしかった 기뻤다

くれる (남이 나에게) 주다 

또박또박 세 번씩 읽고 예쁘게 따라 써 봅시다.

1 2 3 ・わたしの かれは いつも はなたばを くれます。

내 남자친구는 항상 꽃다발을 줍니다.

。

1 2 3 ・みなみさんは わたしに ろくまんえんを くれた。

미나미 씨는 내게 6만 엔을 주었다.

。

1 2 3 ・ともだちは ワインと チーズを くれました。

친구는 와인과 치즈를 주었습니다.

。

1 2 3 ・かのじょは いつも でんわを くれない。 그녀는 언제나 전화를 주지 않는다.

。

1 2 3 ・しゃちょうは わたしには ボーナスを くれません。

사장은 내게는 보너스를 주지 않습니다.

。

1 2 3 ・かれは わたしには チケットを くれなかった。

그는 내게는 티켓을 주지 않았다.

。

1 2 3 ・あかぎさんは わたしには ジュースを くれませんでした。

아카기 씨는 내게는 주스를 주지 않았습니다.

。

1 2 3 ・たんじょうびに かれが ゆびわを くれて うれしかった。

생일에 남자친구가 반지를 줘서 기뻤다.

。

こたえる 답하다

1 그룹 2 그룹 3 그룹

こたえる

해석을 보고 동사 「こたえる」를 알맞은 형태로 활용하여 빈칸에 적어 봅시다.

- しつもんに ＿＿＿＿＿。 답합니다
- わたしは はんたいだと ＿＿＿＿。 답했다
- むすこは わたしの しつもんに ＿＿＿＿＿。 답하지 않는다
- みちで アンケートに ＿＿＿＿＿＿。 답했습니다
- じけんに ついて なにも ＿＿＿＿＿＿＿。 답하지 않았다
- ひとりしか ＿＿＿＿＿＿＿＿＿。 답하지 않았습니다
- ちゃんと ＿＿＿＿ ください。 답해
- クイズに ＿＿＿＿＿。 답하자
- その はんいでは きちんと ＿＿＿＿＿＿。 대답할 수 있다
- クイズに ぜんぶ ＿＿＿＿＿。 답하고 싶다

새 단어

しつもん 질문
～について ～에 대해서
きちんと 정확히
はんたい 반대
クイズ 퀴즈
ぜんぶ 전부, 다
アンケート 앙케트, 설문조사
はんい 범위

答(こた)える 답하다 2 그룹

또박또박 세 번씩 읽고 예쁘게 따라 써 봅시다.

1 2 3 ・しつもんに 答(こた)えます。 질문에 답합니다.

1 2 3 ・わたしは はんたいだと 答(こた)えた。 나는 반대라고 답했다.

1 2 3 ・むすこは わたしの しつもんに 答(こた)えない。
아들은 내 질문에 답하지 않는다.

1 2 3 ・みちで アンケートに 答(こた)えました。 길에서 설문조사에 답했습니다.

1 2 3 ・じけんに ついて なにも 答(こた)えなかった。
사건에 대해서 아무것도 답하지 않았다.

1 2 3 ・ひとりしか 答(こた)えませんでした。 한 명밖에 답하지 않았습니다.

1 2 3 ・ちゃんと 答(こた)えて ください。 제대로 답해 주세요.

1 2 3 ・クイズに 答(こた)えよう。 퀴즈에 답하자.

1 2 3 ・その はんいでは きちんと 答(こた)えられる。
그 범위에서는 제대로 답할 수 있다.

1 2 3 ・クイズに ぜんぶ 答(こた)えたい。 퀴즈에 전부 답하고 싶다.

こまる 곤란하다, 어려움을 겪다

1 그룹 2 그룹 3 그룹

こ ま る

해석을 보고 동사「こまる」를 알맞은 형태로 활용하여 빈칸에 적어 봅시다.

- おきゃくさん、それは ＿＿＿＿＿＿。 곤란합니다
- すりに あって とても ＿＿＿＿＿＿。 곤란했다
- はだの トラブルで ＿＿＿＿＿＿。 곤란했습니다
- がくひには ＿＿＿＿＿＿。 어려움을 겪지 않는다
- せいかつには ＿＿＿＿＿＿。 어려움을 겪지 않습니다
- おかねが なくても ＿＿＿＿＿＿。 어려움을 겪지 않았다
- にほんごが わからなくても ＿＿＿＿＿＿。 곤란하지 않았습니다
- みずが なくて ＿＿＿＿ います。 어려움을 겪고 있습니다

새 단어

おきゃくさん 손님	すり 소매치기	はだ 피부
トラブル 트러블	がくひ 학비	せいかつ 생활
わからなくても 몰라도	みず 물	なくて 없어서, 없고

困(こま)る 곤란하다, 어려움을 겪다

1 그룹

또박또박 세 번씩 읽고 예쁘게 따라 써 봅시다.

・おきゃくさん、それは 困(こま)ります。 손님, 그것은 곤란합니다.

。

・すりに あって とても 困(こま)った。 소매치기를 만나서 무척 곤란했다.

。

・はだの トラブルで 困(こま)りました。 피부 트러블 때문에 어려움을 겪었습니다.

。

・がくひには 困(こま)らない。 학비(마련)에는 어려움을 겪지 않는다.

。

・せいかつには 困(こま)りません。 생활에는 어려움을 겪지 않습니다.

。

・おかねが なくても 困(こま)らなかった。 돈이 없어도 어려움을 겪지 않았다.

。

・にほんごが わからなくても 困(こま)りませんでした。
일본어를 몰라도 곤란하지 않았습니다.

。

・みずが なくて 困(こま)って います。 물이 없어서 어려움을 겪고 있습니다.

。

さく (꽃이) 피다

さく

해석을 보고 동사「さく」를 알맞은 형태로 활용하여 빈칸에 적어 봅시다.

- さくらが ＿＿＿＿。 핍니다
- はなが ＿＿＿。 피었다
- ばらが ＿＿＿＿＿。 피었습니다
- さむくて まだ はなが ＿＿＿＿。 피지 않는다
- なぜか あさがおが ＿＿＿＿＿。 피지 않습니다
- ことしは にわの チューリップが ＿＿＿＿＿＿。 피지 않았다
- しがつなのに さくらが ＿＿＿＿＿＿＿＿。 피지 않았습니다
- にわに いろいろな はなが ＿＿＿ います。 피어

새 단어

さくら 벚꽃	ばら 장미	なぜか 어째서인지
あさがお 나팔꽃	チューリップ 튤립	しがつ 4월
～なのに ～인데도	いろいろな 여러 가지	

咲く(さ) (꽃이) 피다 1그룹

또박또박 세 번씩 읽고 예쁘게 따라 써 봅시다.

・さくらが 咲(さ)きます。 벚꽃이 핍니다.

。

・はなが 咲(さ)いた。 꽃이 피었다.

。

・ばらが 咲(さ)きました。 장미가 피었습니다.

。

・さむくて まだ はなが 咲(さ)かない。 추워서 아직 꽃이 피지 않는다.

。

・なぜか あさがおが 咲(さ)きません。 어째서인지 나팔꽃이 피지 않습니다.

。

・ことしは にわの チューリップが 咲(さ)かなかった。
올해는 정원의 튤립이 피지 않았다.

。

・しがつなのに さくらが 咲(さ)きませんでした。
4월인데도 벚꽃이 피지 않았습니다.

。

・にわに いろいろな はなが 咲(さ)いて います。
정원에 여러 가지 꽃이 피어 있습니다.

。

しめる 닫다

しめる

해석을 보고 동사 「しめる」를 알맞은 형태로 활용하여 빈칸에 적어 봅시다.

- ねる まえに カーテンを ＿＿＿＿。 닫습니다
- さむくて げんかんの ドアを ＿＿＿。 닫았다
- かばんを ちゃんと ＿＿＿＿＿。 닫았습니다
- こどもの へやの ドアは ＿＿＿＿。 닫지 않는다
- みせは にちようびでも ＿＿＿＿＿。 닫지 않습니다
- うっかりして まどを ＿＿＿＿＿＿。 닫지 않았다
- ジャムの ふたを ＿＿＿＿＿＿＿＿。 닫지 않았습니다
- ドアを しずかに ＿＿＿ ください。 닫아 주세요
- かぎは かならず ＿＿＿＿。 닫자
- その ドアは かんたんに ＿＿＿＿＿。 닫을 수 있다
- さむいので まどを ＿＿＿＿。 닫고 싶다

새 단어

カーテン 커튼
うっかりして 깜박하고
ジャム 잼
かんたんに 간단하게, 쉽게
げんかん 현관
みせ 가게
ふた 뚜껑
ドア 문
にちようび 일요일
しずかに 조용히

閉(し)める 닫다 2그룹

또박또박 세 번씩 읽고 예쁘게 따라 써 봅시다.

・ねる まえに カーテンを 閉(し)めます。자기 전에 커튼을 닫습니다.

・さむくて げんかんの ドアを 閉(し)めた。추워서 현관문을 닫았다.

・かばんを ちゃんと 閉(し)めました。가방을 제대로 닫았습니다.

・こどもの へやの ドアは 閉(し)めない。아이 방의 문은 닫지 않는다.

・みせは にちようびでも 閉(し)めません。가게는 일요일에도 닫지 않습니다.

・うっかりして まどを 閉(し)めなかった。깜박하고 창문을 닫지 않았다.

・ジャムの ふたを 閉(し)めませんでした。잼 뚜껑을 닫지 않았습니다.

・ドアを しずかに 閉(し)めて ください。문을 조용히 닫아 주세요.

・かぎは かならず 閉(し)めよう。열쇠는 반드시 닫자.

・その ドアは かんたんに 閉(し)められる。그 문은 쉽게 닫을 수 있다.

・さむいので まどを 閉(し)めたい。추워서 창문을 닫고 싶다.

すてる 버리다

すてる

해석을 보고 동사 「すてる」를 알맞은 형태로 활용하여 빈칸에 적어 봅시다.

- ごみを ________。 버립니다
- あきかんを ______。 버렸다
- ごみばこに __________。 버렸습니다
- あきびんは ________。 버리지 않는다
- わたしは きぼうを __________。 버리지 않습니다.
- かしゅへの ゆめは ____________。 버리지 않았다
- こどもの ときの ふくは まだ ________________。 버리지 않았습니다
- ごみは ごみばこに ______ ください。 버려
- いらない ものは ぜんぶ ________。 버리자
- この ふくは ぜんぶ __________。 버릴 수 있다
- ぜんぶ ________。 버리고 싶다

새 단어

ごみ 쓰레기
あきびん 빈 병
~への ~로의
いらない 필요없다, 필요없는
あきかん 빈 캔
きぼう 희망
ゆめ 꿈
ごみばこ 쓰레기통
かしゅ 가수
こどもの とき 어릴 때

捨(す)てる 버리다 2그룹

또박또박 세 번씩 읽고 예쁘게 따라 써 봅시다.

1 2 3 ・ごみを 捨(す)てます。 쓰레기를 버립니다.

。

1 2 3 ・あきかんを 捨(す)てた。 빈 캔을 버렸다.

。

1 2 3 ・ごみばこに 捨(す)てました。 쓰레기통에 버렸습니다.

。

1 2 3 ・あきびんは 捨(す)てない。 빈 병은 버리지 않는다.

。

1 2 3 ・わたしは きぼうを 捨(す)てません。 저는 희망을 버리지 않습니다.

。

1 2 3 ・かしゅへの ゆめは 捨(す)てなかった。 가수로의 꿈은 버리지 않았다.

。

1 2 3 ・こどもの ときの ふくは まだ 捨(す)てませんでした。
어릴 때 옷은 아직 버리지 않았습니다.

。

1 2 3 ・ごみは ごみばこに 捨(す)てて ください。 쓰레기는 쓰레기통에 버려 주세요.

。

1 2 3 ・いらない ものは ぜんぶ 捨(す)てよう。 필요없는 것은 전부 버리자.

。

1 2 3 ・この ふくは ぜんぶ 捨(す)てられる。 이 옷은 전부 버릴 수 있다.

。

1 2 3 ・ぜんぶ 捨(す)てたい。 전부 버리고 싶다.

。

すむ 살다

すむ

해석을 보고 동사 「すむ」를 알맞은 형태로 활용하여 빈칸에 적어 봅시다.

- きょうから ここに ________。 삽니다(살 겁니다)
- その まちには ながねん ________。 살았다
- くうこうの ちかくに ________。 살았습니다
- いっしょには ________。 살지 않을 거야
- ここには ________。 살지 않습니다(살지 않을 겁니다).
- しゅくしゃには ろっかげつしか ________。 살지 않았다
- あの いえには いちねんしか ________。 살지 않았습니다
- いま とうきょうに ________ います。 살고
- この いえは ろくにん ________。 살 수 있다
- うみべに ________。 살고 싶다

새 단어

まち 마을
ちかく 근처
ろっかげつ 6개월, 여섯 달
ろくにん 6명
ながねん 오랫동안
いっしょには 함께는
いちねん 1년
うみべ 해변
くうこう 공항
しゅくしゃ 기숙사
いま 지금

住む(す) 살다 1그룹

35 MP3

또박또박 세 번씩 읽고 예쁘게 따라 써 봅시다.

1 2 3 ・きょうから ここに 住(す)みます。 오늘부터 여기에서 살 겁니다.

。

1 2 3 ・その まちには ながねん 住(す)んだ。 그 마을에서는 오랫동안 살았다.

。

1 2 3 ・くうこうの ちかくに 住(す)みました。 공항 근처에 살았습니다.

。

1 2 3 ・いっしょには 住(す)まない。 함께는 살지 않을 거야.

。

1 2 3 ・ここには 住(す)みません。 여기에서는 살지 않을 겁니다.

。

1 2 3 ・しゅくしゃには ろっかげつしか 住(す)まなかった。
기숙사에는 여섯 달밖에 살지 않았다.

。

1 2 3 ・あの いえには いちねんしか 住(す)みませんでした。
저 집에서는 1년밖에 살지 않았습니다.

。

1 2 3 ・いま とうきょうに 住(す)んで います。 지금 도쿄에 살고 있습니다.

。

1 2 3 ・この いえは ろくにん 住(す)める。 이 집은 6명 살 수 있다.

。

1 2 3 ・うみべに 住(す)みたい。 해변에 살고 싶다.

。

する 하다

する

해석을 보고 동사 「する」를 알맞은 형태로 활용하여 빈칸에 적어 봅시다.

・まいにち うんどう ＿＿＿＿。 합니다
・あさから かいぎを ＿＿＿＿。 했다
・かようびは しゅくだいを ＿＿＿＿。 했습니다
・げつようびは えいぎょうを ＿＿＿＿。 하지 않는다
・もくようびは こうえんを ＿＿＿＿。 하지 않습니다
・どようびは なにも ＿＿＿＿。 하지 않았다
・きのうは べんきょうを ＿＿＿＿。 하지 않았습니다
・キッチンで りょうりを ＿＿＿＿ います。 하고
・いなかの せいかつを たいけん ＿＿＿＿。 하자
・この りょうりは こどもでも ＿＿＿＿。 할 수 있다
・てんきが いいから さんぽが ＿＿＿＿。 하고 싶다

새 단어

うんどう 운동	かいぎ 회의	かようび 화요일
しゅくだい 숙제	げつようび 월요일	えいぎょう 영업
もくようび 목요일	こうえん 강연	どようび 토요일
べんきょう 공부	キッチン 부엌, 주방	りょうり 요리
いなか 시골	たいけん 체험	さんぽ 산책

する 하다 3 그룹

또박또박 세 번씩 읽고 예쁘게 따라 써 봅시다.

・まいにち うんどうします。 매일 운동합니다.

・あさから かいぎを した。 아침부터 회의를 했다.

・かようびは しゅくだいを しました。 화요일은 숙제를 했습니다.

・げつようびは えいぎょうを しない。 월요일은 영업을 하지 않는다.

・もくようびは こうえんを しません。 목요일은 강연을 하지 않습니다.

・どようびは なにも しなかった。 토요일은 아무것도 하지 않았다.

・きのうは べんきょうを しませんでした。
어제는 공부를 하지 않았습니다.

・キッチンで りょうりを して います。 부엌에서 요리를 하고 있습니다.

・いなかの せいかつを たいけんしよう。 시골 생활을 체험하자.

・この りょうりは こどもでも できる。 이 요리는 어린이라도 할 수 있다.

・てんきが いいから さんぽが したい。 날씨가 좋아서 산책을 하고 싶다.

すわる 앉다

すわる

해석을 보고 동사「すわる」를 알맞은 형태로 활용하여 빈칸에 적어 봅시다.

- いすに ＿＿＿＿＿。 앉습니다
- ベンチに ＿＿＿＿。 앉았다
- ソファに ＿＿＿＿＿＿。 앉았습니다
- せきが あっても ＿＿＿＿＿。 앉지 않는다
- せきが なくて ＿＿＿＿＿＿。 앉지 않습니다
- ゆうせんせきだから ＿＿＿＿＿＿＿。 앉지 않았다
- ゆうせんせきだから ＿＿＿＿＿＿＿＿＿。 앉지 않았습니다
- あそこに ＿＿＿＿ ください。 앉아
- あの ベンチに ＿＿＿＿。 앉자
- やっと ＿＿＿＿。 앉을 수 있다
- ちょっと ＿＿＿＿＿。 앉고 싶다

새 단어

いす 의자　ベンチ 벤치　ソファ 소파
せき 자리, 좌석　あっても 있어도　ゆうせんせき 노약자 보호석
やっと 가까스로

座る(すわ) 앉다 1그룹

또박또박 세 번씩 읽고 예쁘게 따라 써 봅시다.

1 2 3 ・いすに 座(すわ)ります。 의자에 앉습니다.

。

1 2 3 ・ベンチに 座(すわ)った。 벤치에 앉았다.

。

1 2 3 ・ソファに 座(すわ)りました。 소파에 앉았습니다.

。

1 2 3 ・せきが あっても 座(すわ)らない。 자리가 있어도 앉지 않는다.

。

1 2 3 ・せきが なくて 座(すわ)りません。 자리가 없어서 앉지 않습니다.

。

1 2 3 ・ゆうせんせきだから 座(すわ)らなかった。 노약자 보호석이어서 앉지 않았다.

。

1 2 3 ・ゆうせんせきだから 座(すわ)りませんでした。
노약자 보호석이어서 앉지 않았습니다.

。

1 2 3 ・あそこに 座(すわ)って ください。 저기에 앉아 주세요.

。

1 2 3 ・あの ベンチに 座(すわ)ろう。 저 벤치에 앉자.

。

1 2 3 ・やっと 座(すわ)れる。 드디어 앉을 수 있다.

。

1 2 3 ・ちょっと 座(すわ)りたい。 좀 앉고 싶다.

。

だす 보내다, 내놓다

だす

해석을 보고 동사 「だす」를 알맞은 형태로 활용하여 빈칸에 적어 봅시다.

・てがみを ＿＿＿＿。 보냅니다
・ごみを そとに ＿＿＿。 내놓았다
・こづつみを ＿＿＿＿＿。 보냈습니다
・きょうは ごみを ＿＿＿＿。 내놓지 않는다
・うっかりして てがみを ＿＿＿＿＿＿。 보내지 않았다
・きょうまでの しょるいを ＿＿＿＿＿＿＿＿。 내지 않았습니다
・レポートは あしたまでに ＿＿＿ ください。 내
・ごみを そとに ＿＿＿。 내놓자
・この みちでは スピードが ＿＿＿。 낼 수 있다
・さいこうの せいかを ＿＿＿＿。 내고 싶다

새 단어

こづつみ 소포
しゅうまつ 주말
しょるい 서류
さいこう 최고
レポート 리포트, 보고서
せいか 성과

出す(だす) 보내다, 내놓다

1 그룹

또박또박 세 번씩 읽고 예쁘게 따라 써 봅시다.

1 2 3 ・てがみを 出(だ)します。 편지를 보내다.

。

1 2 3 ・ごみを そとに 出(だ)した。 쓰레기를 밖에 내놓았다.

。

1 2 3 ・こづつみを 出(だ)しました。 소포를 보냈습니다.

。

1 2 3 ・きょうは ごみを 出(だ)さない。 오늘은 쓰레기를 내놓지 않는다.

。

1 2 3 ・うっかりして てがみを 出(だ)さなかった。 깜박하고 편지를 보내지 않았다.

。

1 2 3 ・きょうまでの しょるいを 出(だ)しませんでした。
오늘까지인 서류를 내지 않았습니다.

。

1 2 3 ・レポートは あしたまでに 出(だ)して ください。
보고서는 내일까지 내 주세요.

。

1 2 3 ・ごみを そとに 出(だ)そう。 쓰레기를 밖에 내놓자.

。

1 2 3 ・この みちでは スピードが 出(だ)せる。 이 길에서는 속도를 낼 수 있다.

。

1 2 3 ・さいこうの せいかを 出(だ)したい。 최고의 성과를 내고 싶다.

。

たつ 서다

たつ

해석을 보고 동사 「たつ」를 알맞은 형태로 활용하여 빈칸에 적어 봅시다.

- ステージに ＿＿＿＿。 섭니다
- やっと ちょうじょうに ＿＿＿。 섰다
- もりさんの はなしには はらが ＿＿＿＿＿。 섰습니다(났습니다)
- あいての たちばに ＿＿＿＿。 서지 않는다
- あまり やくに ＿＿＿＿＿。 서지 않습니다(되지 않습니다)
- さいごまで せきを ＿＿＿＿＿＿。 서지 않았다
- しんいちさんの こうどうには はらが ＿＿＿＿＿＿＿＿。 서지 않았습니다(나지 않았습니다)
- はらが ＿＿＿ しょうが なかった。 서서(나서)
- らいねんは せかいの ぶたいに ＿＿＿。 서자
- うちの こは ひとりで ＿＿＿。 설 수 있다
- あいてより ゆういに ＿＿＿＿。 서고 싶다

새 단어

ステージ 무대	ちょうじょう 정상	はら 배
はらが たつ 화가 나다	あいて 상대방	たちば 입장
やく 쓸모	やくに たつ 쓸모가 있다, 도움이 되다	さいご 마지막
こうどう 행동	しょうが なかった 어쩔 수 없었다	らいねん 내년
うちの こ 우리집 아이	ゆうい 우위	

立つ(た) 서다 1그룹

또박또박 세 번씩 읽고 예쁘게 따라 써 봅시다.

- ステージに 立ちます。 무대에 섭니다.

- やっと ちょうじょうに 立った。 드디어 정상에 섰다.

- もりさんの はなしには はらが 立ちました。 모리 씨의 이야기에는 화가 났습니다.

  TIP '배'라는 뜻의 はら와 동사 たつ를 같이 써서 はらが たつ라고 하면 '화가 나다'라는 뜻이 된다.

- あいての たちばに 立たない。 상대방의 입장에 서지 않는다.

- あまり やくに 立ちません。 그다지 도움이 되지 않습니다.

  TIP '쓸모'라는 뜻의 やく와 동사 たつ를 같이 써서 やくに たつ라고 하면 '도움이 되다, 쓸모가 있다'라는 뜻이 된다.

- さいごまで せきを 立たなかった。 마지막까지 자리를 뜨지 않았다.

- しんいちさんの こうどうには はらが 立ちませんでした。 신이치 씨의 행동에는 화가 나지 않았습니다.

- はらが 立って しょうが なかった。 화가 나서 어쩔 수 없었다.

- らいねんは せかいの ぶたいに 立とう。 내년에는 세계 무대에 서자.

- うちの こは ひとりで 立てる。 우리집 아이는 혼자서 설 수 있다.

- あいてより ゆういに 立ちたい。 상대방보다 우위에 서고 싶다.

たのしむ 즐기다

たのしむ

해석을 보고 동사 「たのしむ」를 알맞은 형태로 활용하여 빈칸에 적어 봅시다.

・りょこうを ＿＿＿＿＿＿。 즐깁니다

・せんしゅうは もみじを ＿＿＿＿＿。 즐겼다

・まりさんの りょうりを ＿＿＿＿＿＿＿。 즐겼습니다

・たかぎさんは はなみを ＿＿＿＿＿＿。 즐기지 않는다

・きむらさんは つりを ＿＿＿＿＿＿＿。 즐기지 않습니다

・これまでは じんせいを ＿＿＿＿＿＿＿＿。 즐기지 않았다

・ことしは はなみを ＿＿＿＿＿＿＿＿＿＿。 즐기지 않았습니다

・あきの もみじを ＿＿＿＿＿ ください。 즐겨

・うみで つりを ＿＿＿＿＿。 즐기자

・あの こうえんでは きれいな さくらが ＿＿＿＿＿。 즐길 수 있다

・はるを もっと ＿＿＿＿＿＿。 즐기고 싶다

새 단어

りょこう 여행　　もみじ 단풍　　はなみ 벚꽃놀이
つり 낚시　　これまでは 지금까지는　　あき 가을
きれいな 예쁜, 깨끗한　　はる 봄

楽しむ(たの) 즐기다 1 그룹

또박또박 세 번씩 읽고 예쁘게 따라 써 봅시다.

・りょこうを 楽(たの)しみます。 여행을 즐깁니다.

____________________。

・せんしゅうは もみじを 楽(たの)しんだ。 지난주에는 단풍을 즐겼다.

____________________。

・まりさんの りょうりを 楽(たの)しみました。 마리 씨의 요리를 즐겼습니다.

____________________。

・たかぎさんは はなみを 楽(たの)しまない。 다카기 씨는 벚꽃놀이를 즐기지 않는다.

____________________。

・きむらさんは つりを 楽(たの)しみません。 기무라 씨는 낚시를 즐기지 않습니다.

____________________。

・これまでは じんせいを 楽(たの)しまなかった。 지금까지는 인생을 즐기지 않았다.

____________________。

・ことしは はなみを 楽(たの)しみませんでした。
올해는 벚꽃놀이를 즐기지 않았습니다.

____________________。

・あきの もみじを 楽(たの)しんで ください。 가을 단풍을 즐겨 주세요.

____________________。

・うみで つりを 楽(たの)しもう。 바다에서 낚시를 즐기자.

____________________。

・あの こうえんでは きれいな さくらが 楽(たの)しめる。
그 공원에서는 예쁜 벚꽃을 즐길 수 있다.

____________________。

・はるを もっと 楽(たの)しみたい。 봄을 더욱 즐기고 싶다.

____________________。

たべる 먹다

たべる

해석을 보고 동사「たべる」를 알맞은 형태로 활용하여 빈칸에 적어 봅시다.

- パンを ＿＿＿＿。 먹습니다
- ごはんを ＿＿＿。 먹었다
- おいしい ケーキを ＿＿＿＿＿。 먹었습니다
- なっとうは ぜんぜん ＿＿＿＿。 먹지 않는다
- やさいは あまり ＿＿＿＿＿。 먹지 않습니다
- きのうは パンを ＿＿＿＿＿＿。 먹지 않았다
- ダイエットちゅうで ラーメンは ＿＿＿＿＿＿＿＿。 먹지 않았습니다
- この ケーキを ＿＿＿ ください。 먹어
- あの しょくどうで ラーメンを ＿＿＿＿。 먹자
- あの しょくどうでは おいしい うどんが ＿＿＿＿＿。 먹을 수 있다
- しんせんな すしが ＿＿＿＿。 먹고 싶다

새 단어

パン 빵	ごはん 밥	おいしい 맛있다, 맛있는
なっとう 낫토	やさい 채소	ダイエット 다이어트
～ちゅう ～중	ラーメン 라면	しょくどう 식당
うどん 우동	しんせんな 신선한	すし 초밥

食(た)べる 먹다 2 그룹

또박또박 세 번씩 읽고 예쁘게 따라 써 봅시다.

・パンを 食(た)べます。 빵을 먹습니다.

。

・ごはんを 食(た)べた。 밥을 먹었다.

。

・おいしい ケーキを 食(た)べました。 맛있는 케이크를 먹었습니다.

。

・なっとうは ぜんぜん 食(た)べない。 낫토는 전혀 먹지 않는다.

。

・やさいは あまり 食(た)べません。 채소는 그다지 먹지 않습니다.

。

・きのうは パンを 食(た)べなかった。 어제는 빵을 먹지 않았다.

。

・ダイエットちゅうで ラーメンは 食(た)べませんでした。
다이어트 중이기 때문에 라면은 먹지 않았습니다.

。

・この ケーキを 食(た)べて ください。 이 케이크를 먹어 주세요(드세요).

。

・あの しょくどうで ラーメンを 食(た)べよう。 저 식당에서 라면을 먹자.

。

・あの しょくどうでは おいしい うどんが 食(た)べられる。
저 식당에서는 맛있는 우동을 먹을 수 있다.

。

・しんせんな すしが 食(た)べたい。 신선한 초밥을 먹고 싶다.

。

ちがう 다르다

ちがう

해석을 보고 동사 「ちがう」를 알맞은 형태로 활용하여 빈칸에 적어 봅시다.

- けいさんが ＿＿＿＿＿。 다릅니다
- そうぞうと ぜんぜん ＿＿＿＿。 달랐다
- なまえが ＿＿＿＿＿＿。 달랐습니다
- わたしと かれの いけんは あまり ＿＿＿＿＿。 다르지 않다
- そんなに おおきく ＿＿＿＿＿＿。 다르지 않습니다
- サイズと いろは ＿＿＿＿＿＿＿。 다르지 않았다
- そんなに たくさん ＿＿＿＿＿＿＿＿＿。 다르지 않았습니다
- そうぞうした イメージと ＿＿＿＿ がっかりした。 달라서

새 단어

けいさん 계산
おおきく 크게
イメージ 이미지
そうぞう 상상
サイズ 사이즈, 크기
がっかりした 실망했다
そんなに 그렇게
いろ 색, 색깔

違う(ちが) 다르다 1그룹

또박또박 세 번씩 읽고 예쁘게 따라 써 봅시다.

1 2 3 ・けいさんが 違(ちが)います。 계산이 다릅니다.

。

1 2 3 ・そうぞうと ぜんぜん 違(ちが)った。 상상과 전혀 달랐다.

。

1 2 3 ・なまえが 違(ちが)いました。 이름이 달랐습니다.

。

1 2 3 ・わたしと かれの いけんは あまり 違(ちが)わない。
나와 그의 의견은 별로 다르지 않다.

。

1 2 3 ・そんなに おおきく 違(ちが)いません。 그렇게 크게 다르지 않습니다.

。

1 2 3 ・サイズと いろは 違(ちが)わなかった。 사이즈와 색깔은 다르지 않았다.

。

1 2 3 ・そんなに たくさん 違(ちが)いませんでした。 그렇게 많이 다르지 않았습니다.

。

1 2 3 ・そうぞうした イメージと 違(ちが)って がっかりした。
상상했던 이미지와 달라서 실망했다.

。

つかう 사용하다

つかう

해석을 보고 동사 「つかう」를 알맞은 형태로 활용하여 빈칸에 적어 봅시다.

- パソコンを ＿＿＿＿＿。 사용합니다
- マジックを ＿＿＿＿＿。 사용했다
- しごとで ＿＿＿＿＿。 사용했습니다
- この りょうりに とりにくは ＿＿＿＿＿。 사용하지 않는다
- スマートフォンは ＿＿＿＿＿。 사용하지 않습니다
- この パンに バターは ＿＿＿＿＿。 사용하지 않았다
- この クッキーに さとうは ＿＿＿＿＿。 사용하지 않았습니다.
- この ペンを ＿＿＿＿＿ ください。 사용해
- インターネットを うまく ＿＿＿＿＿。 사용하자
- かいがいでも インターネットが ＿＿＿＿＿。 사용할 수 있다
- かいがいで スマホを ＿＿＿＿＿。 사용하고 싶다

새 단어

パソコン 컴퓨터
マジック 마법, 마술
しごと 일, 직업
とりにく 닭고기
スマートフォン 스마트폰
バター 버터
クッキー 쿠키
さとう 설탕
ペン 펜
インターネット 인터넷
うまく 잘, 능숙하게
かいがい 해외
スマホ 스마트폰(줄임말)

使(つか)う 사용하다 1 그룹

또박또박 세 번씩 읽고 예쁘게 따라 써 봅시다.

・パソコンを 使(つか)います。 컴퓨터를 사용합니다.

。

・マジックを 使(つか)った。 마법을 사용했다.

。

・しごとで 使(つか)いました。 일 때문에 사용했습니다.

。

・この りょうりに とりにくは 使(つか)わない。 이 요리에 닭고기는 사용하지 않는다.

。

・スマートフォンは 使(つか)いません。 스마트폰은 사용하지 않습니다.

。

・この パンに バターは 使(つか)わなかった。 이 빵에 버터는 사용하지 않았다.

。

・この クッキーに さとうは 使(つか)いませんでした。
이 쿠키에 설탕은 사용하지 않았습니다.

。

・この ペンを 使(つか)って ください。 이 펜을 사용해 주세요.

。

・インターネットを うまく 使(つか)おう。 인터넷을 잘 사용하자.

。

・かいがいでも インターネットが 使(つか)える。
해외에서도 인터넷을 사용할 수 있다.

。

・かいがいで スマホを 使(つか)いたい。 해외에서 스마트폰을 사용하고 싶다.

。

つかれる 지치다

1 그룹 2 그룹 3 그룹

つかれる

해석을 보고 동사 「つかれる」를 알맞은 형태로 활용하여 빈칸에 적어 봅시다.

- その しごとは とても ＿＿＿＿＿。 지칩니다
- かんぜんに ＿＿＿＿。 지쳤다
- あさから しごとを して とても ＿＿＿＿＿＿。 지쳤습니다
- この ぐらいでは ぜんぜん ＿＿＿＿＿。 지치지 않는다
- １じかん あるいても ぜんぜん ＿＿＿＿＿＿。 피곤하지 않습니다
- てつやしたのに ぜんぜん ＿＿＿＿＿＿＿。 지치지 않았다
- きのうは ぜんぜん ＿＿＿＿＿＿＿＿＿。 피곤하지 않았습니다
- まいにち ＿＿＿＿ います。 지쳐

새 단어

かんぜんに 완전히　　１じかん 한 시간　　あるいても 걸어도
てつや 철야, 밤을 샘　　～のに ～(한)데도

疲(つか)れる 지치다 2그룹

또박또박 세 번씩 읽고 예쁘게 따라 써 봅시다.

1 2 3 ・その しごとは とても 疲(つか)れます。 그 일은 매우 지칩니다.

。

1 2 3 ・かんぜんに 疲(つか)れた。 완전히 지쳤다.

。

1 2 3 ・あさから しごとを して とても 疲(つか)れました。
아침부터 일을 해서 몹시 지쳤습니다.

。

1 2 3 ・この ぐらいでは ぜんぜん 疲(つか)れない。 이 정도로는 전혀 지치지 않는다.

。

1 2 3 ・1じかん あるいても ぜんぜん 疲(つか)れません。
한 시간 걸어도 전혀 피곤하지 않습니다.

。

1 2 3 ・てつやしたのに ぜんぜん 疲(つか)れなかった。 밤을 샜는데도 전혀 지치지 않았다

。

1 2 3 ・きのうは ぜんぜん 疲(つか)れませんでした。 어제는 전혀 지치지 않았습니다.

。

1 2 3 ・まいにち 疲(つか)れて います。 매일 지쳐 있습니다.

。

つくる 만들다

1 그룹 2 그룹 3 그룹

つくる

해석을 보고 동사 「つくる」를 알맞은 형태로 활용하여 빈칸에 적어 봅시다.

- ロボットを ＿＿＿＿＿。 만듭니다
- とんかつを ＿＿＿＿。 만들었다
- テーブルを ＿＿＿＿＿＿。 만들었습니다
- あさごはんは ＿＿＿＿＿。 만들지 않는다
- いすは ＿＿＿＿＿＿。 만들지 않습니다
- カレンダーは ＿＿＿＿＿＿＿。 만들지 않았다
- プールは ＿＿＿＿＿＿＿＿＿。 만들지 않았습니다
- ぎゅうにゅうから チーズを ＿＿＿＿ います。 만들고
- にんぎょうを ＿＿＿＿。 만들자
- さかなりょうりが ＿＿＿＿。 만들 수 있다
- スパゲッティを ＿＿＿＿＿。 만들고 싶다

새 단어

ロボット 로봇　とんかつ 돈가스　あさごはん 아침밥
カレンダー 달력　にんぎょう 인형　さかなりょうり 생선 요리
スパゲッティ 스파게티

作(つく)る 만들다 1 그룹

또박또박 세 번씩 읽고 예쁘게 따라 써 봅시다.

・ロボットを 作(つく)ります。 로봇을 만듭니다.

・とんかつを 作(つく)った。 돈가스를 만들었다.

・テーブルを 作(つく)りました。 탁자를 만들었습니다.

・あさごはんは 作(つく)らない。 아침밥은 만들지 않는다

・いすは 作(つく)りません。 의자는 만들지 않습니다.

・カレンダーは 作(つく)らなかった。 달력은 만들지 않았다.

・プールは 作(つく)りませんでした。 수영장은 만들지 않았습니다.

・ぎゅうにゅうから チーズを 作(つく)って います。
우유로 치즈를 만들고 있습니다.

・にんぎょうを 作(つく)ろう。 인형을 만들자.

・さかなりょうりが 作(つく)れる。 생선 요리를 만들 수 있다.

・スパゲッティを 作(つく)りたい。 스파게티를 만들고 싶다.

てつだう 돕다

てつだう

해석을 보고 동사「てつだう」를 알맞은 형태로 활용하여 빈칸에 적어 봅시다.

- ははを ＿＿＿＿＿＿。 돕습니다
- しごとを ＿＿＿＿＿＿。 도왔다
- さらあらいを ＿＿＿＿＿＿。 도왔습니다
- かじも　いくじも ＿＿＿＿＿＿。 돕지 않는다
- なにも ＿＿＿＿＿＿。 돕지 않습니다
- おおそうじを ＿＿＿＿＿＿。 돕지 않았다
- だれも ＿＿＿＿＿＿。 돕지 않았습니다
- ちょっと ＿＿＿＿＿＿ ください。 도와
- せんぱいを ＿＿＿＿＿＿。 돕자
- さんじ　いこうなら ＿＿＿＿＿＿。 도울 수 있다
- おとうとの　ダイエットを ＿＿＿＿＿＿。 돕고 싶다

새 단어

はは 엄마	さらあらい 설거지	かじ 집안일, 가사
いくじ 육아	おおそうじ 대청소	さんじ 3시
いこう 이후	～なら ～라면	

てつだ 手伝う 돕다 1 그룹

또박또박 세 번씩 읽고 예쁘게 따라 써 봅시다.

1 2 3 ・ははを 手伝(てつだ)います。 엄마를 돕습니다.

。

1 2 3 ・しごとを 手伝(てつだ)った。 일을 도왔다.

。

1 2 3 ・さらあらいを 手伝(てつだ)いました。 설거지를 도왔습니다.

。

1 2 3 ・かじも いくじも 手伝(てつだ)わない。 집안일도 육아도 돕지 않는다.

。

1 2 3 ・なにも 手伝(てつだ)いません。 아무것도 돕지 않습니다.

。

1 2 3 ・おおそうじを 手伝(てつだ)わなかった。 대청소를 돕지 않았다.

。

1 2 3 ・だれも 手伝(てつだ)いませんでした。 아무도 돕지 않았습니다.

。

1 2 3 ・ちょっと 手伝(てつだ)って ください。 좀 도와 주세요.

。

1 2 3 ・せんぱいを 手伝(てつだ)おう。 선배를 돕자.

。

1 2 3 ・さんじ いこうなら 手伝(てつだ)える。 3시 이후라면 도울 수 있다.

。

1 2 3 ・おとうとの ダイエットを 手伝(てつだ)いたい。 남동생의 다이어트를 돕고 싶다.

。

でる 나가다, 나오다

でる

해석을 보고 동사「でる」를 알맞은 형태로 활용하여 빈칸에 적어 봅시다.

- そとに ＿＿＿。 나갑니다
- むすこが いえを ＿＿＿。 나갔다
- ねこが いえを ＿＿＿。 나갔습니다
- すずきさんは いえを ＿＿＿。 나오지 않는다
- こいぬが ふとんの なかから ＿＿＿。 나오지 않습니다
- かぜで こえが ＿＿＿。 나오지 않았다
- はなみずは ＿＿＿。 나오지 않았습니다
- そとに ＿＿＿ ください。 나와
- こうえんにでも ＿＿＿。 나가자
- やっと ＿＿＿。 나갈 수 있다
- てんきが いいので そとに ＿＿＿。 나가고 싶다

새 단어

ふとん 이불　かぜ 감기　はなみず 콧물
～にでも ～에라도

出(で)る 나가다, 나오다 2그룹

또박또박 세 번씩 읽고 예쁘게 따라 써 봅시다.

1 2 3 ・そとに 出(で)ます。 밖으로 나갑니다.

。

1 2 3 ・むすこが いえを 出(で)た。 아들이 집을 나갔다.

。

1 2 3 ・ねこが いえを 出(で)ました。 고양이가 집을 나갔습니다.

。

1 2 3 ・すずきさんは いえを 出(で)ない。 스즈키 씨는 집을 나오지 않는다.

。

1 2 3 ・こいぬが ふとんの なかから 出(で)ません。
강아지가 이불 안에서 나오지 않습니다.

。

1 2 3 ・かぜで こえが 出(で)なかった。 감기 때문에 목소리가 나오지 않았다.

。

1 2 3 ・はなみずは 出(で)ませんでした。 콧물은 나오지 않았습니다.

。

1 2 3 ・そとに 出(で)て ください。 밖으로 나와 주세요.

。

1 2 3 ・こうえんにでも 出(で)よう。 공원에라도 나가자.

。

1 2 3 ・やっと 出(で)られる。 드디어 나갈 수 있다.

。

1 2 3 ・てんきが いいので そとに 出(で)たい。 날씨가 좋아서 밖에 나가고 싶다.

。

とぶ 날다

とぶ

해석을 보고 동사 「とぶ」를 알맞은 형태로 활용하여 빈칸에 적어 봅시다.

- そらを ＿＿＿＿＿＿＿＿。 납니다
- そらを ＿＿＿＿＿＿。 날았다
- かみひこうきは そらたかく ＿＿＿＿＿＿＿＿＿＿。 날았습니다
- はとが ＿＿＿＿＿＿＿＿。 날지 않는다
- つよい かぜで ひこうきが ＿＿＿＿＿＿＿＿＿＿。 날지 않습니다
- おおあめで ひこうきが ＿＿＿＿＿＿＿＿＿＿＿＿。 날지 않았다
- おおゆきで ひこうきが ＿＿＿＿＿＿＿＿＿＿＿＿＿＿＿＿。 날지 않았습니다
- あそこに とんぼが ＿＿＿＿＿＿ いる。 날고
- いっしょに そらを ＿＿＿＿＿＿。 날자
- たかは そらたかく ＿＿＿＿＿＿。 날 수 있다
- わたしも そらを ＿＿＿＿＿＿＿＿。 날고 싶다

새 단어

そら 하늘	かみひこうき 종이비행기	そらたかく 하늘 높이
はと 비둘기	つよい 강하다, 강한	かぜ 바람
おおあめ 폭우	おおゆき 폭설	とんぼ 잠자리
いっしょに 함께	たか 매	

飛ぶ 날다

1 그룹

또박또박 세 번씩 읽고 예쁘게 따라 써 봅시다.

・そらを 飛びます。 하늘을 납니다.

・そらを 飛んだ。 하늘을 날았다.

・かみひこうきは そらたかく 飛びました。 종이비행기는 하늘 높이 날았습니다.

・はとが 飛ばない。 비둘기가 날지 않는다

・つよい かぜで ひこうきが 飛びません。 강한 바람 때문에 비행기가 날지 않습니다.

・おおあめで ひこうきが 飛ばなかった。 폭우 때문에 비행기가 날지 않았다.

・おおゆきで ひこうきが 飛びませんでした。
폭설 때문에 비행기가 날지 않았습니다.

・あそこに とんぼが 飛んで いる。 저기에 잠자리가 날고 있다.

・いっしょに そらを 飛ぼう。 함께 하늘을 날자.

・たかは そらたかく 飛べる。 매는 하늘 높이 날 수 있다.

・わたしも そらを 飛びたい。 나도 하늘을 날고 싶다.

とまる 멈추다

とまる

해석을 보고 동사「とまる」를 알맞은 형태로 활용하여 빈칸에 적어 봅시다.

- くるまが ＿＿＿＿＿。 멈춥니다
- とけいが ＿＿＿＿。 멈추었다
- じかんが ＿＿＿＿＿＿。 멈췄습니다
- でんしゃが ＿＿＿＿＿。 멈추지 않는다
- せきが ＿＿＿＿＿＿。 멈추지 않습니다
- なみだが ＿＿＿＿＿＿＿。 멈추지 않았다
- はなみずが ＿＿＿＿＿＿＿＿＿。 멈추지 않았습니다
- ここで ＿＿＿＿ ください。 멈춰

새 단어

とけい 시계　でんしゃ 전철　せき 기침
なみだ 눈물

止(と)まる 멈추다

1 그룹

또박또박 세 번씩 읽고 예쁘게 따라 써 봅시다.

- くるまが 止(と)まります。 자동차가 멈춥니다.

 ______________________________。

- とけいが 止(と)まった。 시계가 멈췄다.

 ______________________________。

- じかんが 止(と)まりました。 시간이 멈췄습니다.

 ______________________________。

- でんしゃが 止(と)まらない。 전철이 멈추지 않는다.

 ______________________________。

- せきが 止(と)まりません。 기침이 멈추지 않습니다.

 ______________________________。

- なみだが 止(と)まらなかった。 눈물이 멈추지 않았다.

 ______________________________。

- はなみずが 止(と)まりませんでした。 콧물이 멈추지 않았습니다.

 ______________________________。

- ここで 止(と)まって ください。 여기서 세워 주세요.

 ______________________________。

とる 잡다, (나이를) 먹다

1 그룹 2 그룹 3 그룹

とる

해석을 보고 동사 「とる」를 알맞은 형태로 활용하여 빈칸에 적어 봅시다.

- としを ________。 먹습니다
- きょねん めんきょを ______。 땄다
- きんメダルを ________。 땄습니다
- こうはいは オフィスで でんわを ________。 받지 않는다
- なかださんは せきにんを ________。 지지 않습니다
- すいようびには やすみを ________。 받지 않았다
- よやくは まだ ________。 잡지 않았습니다
- イさんからの れんらくを ______ ください。 받아
- ちゃんと せきにんを ______。 지자
- この うみでは さかなが たくさん ______。 잡을 수 있다(잡힌다)
- かんこくごきょうしの しかくが ________。 따고 싶다

새 단어

とし 나이	めんきょ 면허	きんメダル 금메달
こうはい 후배	オフィス 오피스, 사무실	すいようび 수요일
やすみ 휴가, 휴일	よやく 예약	れんらく 연락
せきにん 책임	かんこくご 한국어	きょうし 교사
しかく 자격, 자격증		

取(と)る 잡다, (나이를) 먹다 1그룹

또박또박 세 번씩 읽고 예쁘게 따라 써 봅시다.

1 2 3 · としを 取(と)ります。 나이를 먹습니다.

。

1 2 3 · きょねん めんきょを 取(と)った。 작년에 면허를 땄다.

。

1 2 3 · きんメダルを 取(と)りました。 금메달을 땄습니다.

。

1 2 3 · こうはいは オフィスで でんわを 取(と)らない。
후배는 사무실에서 전화를 받지 않는다.

。

1 2 3 · なかださんは せきにんを 取(と)りません。 나카다 씨는 책임을 지지 않습니다.

。

1 2 3 · すいようびには やすみを 取(と)らなかった。 수요일에는 휴가를 받지 않았다.

。

1 2 3 · よやくは まだ 取(と)りませんでした。 예약은 아직 하지 않았습니다.

。

1 2 3 · イさんからの れんらくを 取(と)って ください。 이 씨로부터의 연락을 받아 주세요.

。

1 2 3 · ちゃんと せきにんを 取(と)ろう。 제대로 책임을 지자.

。

1 2 3 · この うみでは さかなが たくさん 取(と)れる。
이 바다에서는 물고기를 많이 잡을 수 있다(잡힌다).

。

1 2 3 · かんこくごきょうしの しかくが 取(と)りたい。 한국어 교사 자격증을 따고 싶다.

。

とる (사진을) 찍다

とる

해석을 보고 동사 「とる」를 알맞은 형태로 활용하여 빈칸에 적어 봅시다.

- しゃしんを ＿＿＿＿＿＿＿＿。 찍습니다
- かぞくしゃしんを ＿＿＿＿＿＿。 찍었다
- きねんしゃしんを ＿＿＿＿＿＿＿＿＿＿。 찍었습니다
- たにんの しゃしんは ＿＿＿＿＿＿＿＿。 찍지 않는다
- しゃしんは あまり ＿＿＿＿＿＿＿＿＿＿。 찍지 않습니다
- きねんしゃしんは ＿＿＿＿＿＿＿＿＿＿＿＿。 찍지 않았다
- かぞくしゃしんは ＿＿＿＿＿＿＿＿＿＿＿＿＿＿＿＿。 찍지 않았습니다
- ここで しゃしんを ＿＿＿＿＿＿ ください。 찍어
- あの まえで しゃしんを ＿＿＿＿＿＿。 찍자
- あそこなら いい しゃしんが ＿＿＿＿＿＿。 찍을 수 있다
- パンダの しゃしんが ＿＿＿＿＿＿＿＿。 찍고 싶다

새 단어

かぞく 가족　きねん 기념　たにん 타인
パンダ 판다

撮(と)る (사진을) 찍다 1그룹

또박또박 세 번씩 읽고 예쁘게 따라 써 봅시다.

・しゃしんを 撮(と)ります。 사진을 찍습니다.

・かぞくしゃしんを 撮(と)った。 가족사진을 찍었다.

・きねんしゃしんを 撮(と)りました。 기념사진을 찍었습니다.

・たにんの しゃしんは 撮(と)らない。 타인의 사진은 찍지 않는다.

・しゃしんは あまり 撮(と)りません。 사진은 그다지 찍지 않습니다.

・きねんしゃしんは 撮(と)らなかった。 기념사진은 찍지 않았다.

・かぞくしゃしんは 撮(と)りませんでした。 가족사진은 찍지 않았습니다.

・ここで しゃしんを 撮(と)って ください。 이곳에서 사진을 찍어 주세요.

・あの まえで しゃしんを 撮(と)ろう。 저 앞에서 사진을 찍자.

・あそこなら いい しゃしんが 撮(と)れる。 저기라면 좋은 사진을 찍을 수 있다.

・パンダの しゃしんが 撮(と)りたい。 판다 사진을 찍고 싶다.

なく 울다

なく

해석을 보고 동사 「なく」를 알맞은 형태로 활용하여 빈칸에 적어 봅시다.

- あの こは まいにち ＿＿＿＿。 웁니다
- わたしは こどもの とき よく ＿＿＿＿。 울었다
- その ドラマを みて ＿＿＿＿。 울었습니다
- わたしは なかなか ＿＿＿＿。 울지 않는다
- なにが あっても ぜんぜん ＿＿＿＿。 울지 않습니다
- プロポーズの ときも ＿＿＿＿。 울지 않았다
- ひどく けがした ときにも ＿＿＿＿。 울지 않았습니다
- その えいがは ぜったい ＿＿＿＿。 울 수 있다(울게 된다)

새 단어

あの こ 그 아이	よく 자주	ドラマ 드라마
みて 보고, 봐서	プロポーズ 프러포즈, 청혼	とき 때
ひどく 심하게	けが(を) する 다치다, 상처를 입다	

泣(な)く 울다 1그룹

또박또박 세 번씩 읽고 예쁘게 따라 써 봅시다.

1 2 3 ・あの こは まいにち 泣(な)きます。 저 아이는 매일 웁니다.

。

1 2 3 ・わたしは こどもの とき よく ないた。 나는 어릴 때 자주 울었다.

。

1 2 3 ・その ドラマを みて なきました。 그 드라마를 보고 울었습니다.

。

1 2 3 ・わたしは なかなか なかない。 나는 좀처럼 울지 않는다.

。

1 2 3 ・なにが あっても ぜんぜん なきません。
무슨 일이 있어도 전혀 울지 않습니다.

。

1 2 3 ・プロポーズの ときも なかなかった。 프러포즈 때에도 울지 않았다.

。

1 2 3 ・ひどく けがした ときにも なきませんでした。
심하게 다친 때에도 울지 않았습니다.

。

1 2 3 ・その えいがは ぜったい なける。 그 영화는 절대로 울 수 있다(울게 된다).

。

なげる 던지다

1 그룹 2 그룹 3 그룹

なげる

해석을 보고 동사 「なげる」를 알맞은 형태로 활용하여 빈칸에 적어 봅시다.

- ボールを ＿＿＿＿。 던집니다
- ふんすいに コインを ＿＿＿。 던졌다
- しつもんを ＿＿＿＿＿。 던졌습니다
- ふんすいに コインは ＿＿＿＿。 던지지 않는다
- ごみは みちに ＿＿＿＿＿。 던지지 않습니다
- けっきょく はながたさんは ボールを ＿＿＿＿＿＿。 던지지 않았다
- わたしは あきかんを ＿＿＿＿＿＿＿＿。 던지지 않았습니다
- だれかが いしを ＿＿＿ けがを しました。 던져서
- ボールを たかく ＿＿＿＿。 던지자
- ボールを とおく ＿＿＿＿＿。 던질 수 있다
- もっと はやい ボールを ＿＿＿＿。 던지고 싶다

새 단어

ボール 공	ふんすい 분수	コイン 동전
だれか 누군가	いし 돌	けっきょく 결국
たかく 높이	とおく 멀리	はやい 빠르다, 빠른(속도)

投(な)げる 던지다

2 그룹

또박또박 세 번씩 읽고 예쁘게 따라 써 봅시다.

- ボールを 投(な)げます。 공을 던집니다.
- ふんすいに　コインを　投(な)げた。 분수에 동전을 던졌다.
- しつもんを 投(な)げました。 질문을 던졌습니다.
- ふんすいに　コインは　投(な)げない。 분수에 동전은 던지지 않는다.
- ごみは　みちに　投(な)げません。 쓰레기는 길에 던지지 않습니다.
- けっきょく　はながたさんは　ボールを　投(な)げなかった。
  결국 하나가타 씨는 공을 던지지 않았다.
- わたしは　あきかんを　投(な)げませんでした。 나는 빈 캔을 던지지 않았습니다.
- だれかが　いしを　投(な)げて　けがを　しました。 누군가 돌을 던져서 다쳤습니다.
- ボールを　たかく　投(な)げよう。 공을 높이 던지자.
- ボールを　とおく　投(な)げられる。 공을 멀리 던질 수 있다.
- もっと　はやい　ボールを　投(な)げたい。 더 빠른 공을 던지고 싶다.

ならう 배우다

ならう

해석을 보고 동사 「ならう」를 알맞은 형태로 활용하여 빈칸에 적어 봅시다.

- にほんごを ＿＿＿＿。 배웁니다
- きょねん ピアノを ＿＿＿＿。 배웠다
- ちちに テニスを ＿＿＿＿。 배웠습니다
- それは きょうかしょでは ＿＿＿＿。 배우지 않는다
- ちゅうがっこうでは それを ＿＿＿＿。 배우지 않습니다
- こんな えいごの ひょうげんは ＿＿＿＿。 배우지 않았다
- こうこうでは それを ＿＿＿＿。 배우지 않았습니다
- フランスごを ＿＿＿＿ います。 배우고
- ダンスを ＿＿＿＿。 배우자
- いっしゅうかんは むりょうで ＿＿＿＿。 배울 수 있다
- ちゅうごくごを ＿＿＿＿。 배우고 싶다

새 단어

ピアノ 피아노	ちち 아빠	テニス 테니스
きょうかしょ 교과서	こうこう 고등학교	こんな 이런
えいご 영어	ひょうげん 표현	ダンス 댄스, 춤
いっしゅうかん 일주일	むりょう 무료	ちゅうごくご 중국어

習(なら)う 배우다

1그룹

또박또박 세 번씩 읽고 예쁘게 따라 써 봅시다.

1 2 3 ・にほんごを 習(なら)います。 일본어를 배웁니다.

1 2 3 ・きょねん ピアノを 習(なら)った。 작년에 피아노를 배웠다.

1 2 3 ・ちちに テニスを 習(なら)いました。 아빠에게 테니스를 배웠습니다.

1 2 3 ・それは きょうかしょでは 習(なら)わない。 그것은 교과서에서는 배우지 않는다.

1 2 3 ・ちゅうがっこうでは それを 習(なら)いません。 중학교에서는 그것을 배우지 않습니다.

1 2 3 ・こんな えいごの ひょうげんは 習(なら)わなかった。 이런 영어 표현은 배우지 않았다.

1 2 3 ・こうこうでは それを 習(なら)いませんでした。
고등학교에서는 그것을 배우지 않았습니다.

1 2 3 ・フランスごを 習(なら)って います。 프랑스어를 배우고 있습니다.

1 2 3 ・ダンスを 習(なら)おう。 댄스를 배우자.

1 2 3 ・いっしゅうかんは むりょうで 習(なら)える。 일주일은 무료로 배울 수 있다.

1 2 3 ・ちゅうごくごを 習(なら)いたい。 중국어를 배우고 싶다.

なれる 익숙해지다

なれる

해석을 보고 동사 「なれる」를 알맞은 형태로 활용하여 빈칸에 적어 봅시다.

・あたらしい　しごとに ＿＿＿＿。 익숙해집니다

・だいがくせいかつに ＿＿＿＿。 익숙해졌다

・なつの　あつさにも　もう ＿＿＿＿。 익숙해졌습니다

・ストレスには　ぜんぜん ＿＿＿＿。 익숙해지지 않는다

・なかなか　しごとに ＿＿＿＿。 익숙해지지 않습니다

・さむさには　まだ ＿＿＿＿。 익숙해지지 않았다

・その　しごとは　さいごまで ＿＿＿＿。 익숙해지지 않았습니다

・あたらしい　かみがたには　もう ＿＿＿＿ います。 익숙해져

・あたらしい　せいかつに ＿＿＿＿。 익숙해지자

・あたらしい　しごとに ＿＿＿＿ ように　がんばりたい。 익숙해질 수 있다

・がいこくでの　せいかつに　はやく ＿＿＿＿。 익숙해지고 싶다

새 단어

あつさ 더위　　もう 이미　　ストレス 스트레스

さむさ 추위　　かみがた 헤어스타일, 머리 모양　　がいこく 외국

がんばりたい 열심히 하고 싶다, 힘을 내고 싶다

慣(な)れる 익숙해지다 2그룹

또박또박 세 번씩 읽고 예쁘게 따라 써 봅시다.

1 2 3 ・あたらしい しごとに 慣(な)れます。새로운 일에 익숙해집니다.

。

1 2 3 ・だいがくせいかつに 慣(な)れた。대학 생활에 익숙해졌다.

。

1 2 3 ・なつの あつさにも もう 慣(な)れました。여름의 더위에도 이미 익숙해졌습니다.

。

1 2 3 ・ストレスには ぜんぜん 慣(な)れない。스트레스에는 전혀 익숙해지지 않다.

。

1 2 3 ・なかなか しごとに 慣(な)れません。좀처럼 일에 익숙해지지 않습니다.

。

1 2 3 ・さむさには まだ 慣(な)れなかった。추위에는 아직 익숙해지지 않았다.

。

1 2 3 ・その しごとは さいごまで 慣(な)れませんでした。
그 일은 마지막까지 익숙해지지 않았습니다.

。

1 2 3 ・あたらしい かみがたには もう 慣(な)れて います。
새 헤어스타일에는 이미 익숙해져 있습니다.

。

1 2 3 ・あたらしい せいかつに 慣(な)れよう。새로운 생활에 익숙해지자.

。

1 2 3 ・あたらしい しごとに 慣(な)れられる ように がんばりたい。
새 일에 익숙해질 수 있도록 열심히 하고 싶다.

。

1 2 3 ・がいこくでの せいかつに はやく 慣(な)れたい。외국에서의 생활에 빨리 익숙해지고 싶다.

。

ぬぐ 벗다

ぬぐ

해석을 보고 동사 「ぬぐ」를 알맞은 형태로 활용하여 빈칸에 적어 봅시다.

- コートを ＿＿＿＿。 벗습니다
- あつくて ジャケットを ＿＿＿。 벗었다
- くつを ＿＿＿＿＿。 벗었습니다
- しつないでも コートを ＿＿＿＿。 벗지 않는다
- さむくて くつしたは ＿＿＿＿＿。 벗지 않습니다
- さむくて ジャケットは ＿＿＿＿＿＿。 벗지 않았다
- ぼうしは ＿＿＿＿＿＿＿＿。 벗지 않았습니다
- くつを ＿＿＿ ください。 벗어
- たたみだから くつは ＿＿＿。 벗자
- うちの こは ひとりで ズボンが ＿＿＿。 벗을 수 있다
- てぶくろを ＿＿＿＿。 벗고 싶다

새 단어

くつ 신발, 구두	しつない 실내	くつした 양말
ぼうし 모자	たたみ 다다미	ズボン 바지
てぶくろ 장갑		

脱(ぬ)ぐ 벗다 1그룹

또박또박 세 번씩 읽고 예쁘게 따라 써 봅시다.

- コートを 脱(ぬ)ぎます。 코트를 벗습니다.

- あつくて ジャケットを 脱(ぬ)いだ。 더워서 재킷을 벗었다.

- くつを 脱(ぬ)ぎました。 신발을 벗었습니다.

- しつないでも コートを 脱(ぬ)がない。 실내에서도 코트를 벗지 않는다.

- さむくて くつしたは 脱(ぬ)ぎません。 추워서 양말은 벗지 않습니다.

- さむくて ジャケットは 脱(ぬ)がなかった。 추워서 재킷은 벗지 않았다.

- ぼうしは 脱(ぬ)ぎませんでした。 모자는 벗지 않았습니다.

- くつを 脱(ぬ)いで ください。 신발을 벗어 주세요.

- たたみだから くつは 脱(ぬ)ごう。 다다미니까 신발은 벗자.

- うちの こは ひとりで ズボンが 脱(ぬ)げる。 우리집 아이는 혼자 바지를 벗을 수 있다

- てぶくろを 脱(ぬ)ぎたい。 장갑을 벗고 싶다.

ねる 자다

1 그룹 2 그룹 3 그룹

ねる

해석을 보고 동사「ねる」를 알맞은 형태로 활용하여 빈칸에 적어 봅시다.

- ぐっすり ＿＿＿＿＿＿。 잡니다
- よく ＿＿＿＿。 잤다
- ゆうべは ぐっすり ＿＿＿＿＿＿＿＿。 잤습니다
- こんやは ＿＿＿＿＿＿。 안 잔다
- あかちゃんが よる ＿＿＿＿＿＿＿＿。 안 잡니다
- いちじかんも ＿＿＿＿＿＿＿＿＿＿。 안 잤다
- じゅっぷんも ＿＿＿＿＿＿＿＿＿＿＿＿＿＿。 안 잤습니다
- あかちゃんは ぐっすり ＿＿＿＿ いる。 자고
- はやく ＿＿＿＿＿＿。 자자
- やっと ＿＿＿＿＿＿＿＿。 잘 수 있다
- ちょっと ＿＿＿＿＿＿。 자고 싶다

새 단어

ぐっすり 푹　こんや 오늘 밤　よる 밤
いちじかん 한 시간　じゅっぷん 10분

寝(ね)る 자다 2그룹

57 MP3

또박또박 세 번씩 읽고 예쁘게 따라 써 봅시다.

1 2 3 ・ぐっすり 寝(ね)ます。 푹 잡니다.

。

1 2 3 ・よく 寝(ね)た。 잘 잤다.

。

1 2 3 ・ゆうべは ぐっすり 寝(ね)ました。 어젯밤은 푹 잤습니다.

。

1 2 3 ・こんやは 寝(ね)ない。 오늘 밤은 자지 않는다.

。

1 2 3 ・あかちゃんが よる 寝(ね)ません。 아기가 밤에 안 잡니다.

。

1 2 3 ・いちじかんも 寝(ね)なかった。 한 시간도 안 잤다.

。

1 2 3 ・じゅっぷんも 寝(ね)ませんでした。 10분도 안 잤습니다.

。

1 2 3 ・あかちゃんは ぐっすり 寝(ね)て いる。 아기는 푹 자고 있다.

。

1 2 3 ・はやく 寝(ね)よう。 빨리 자자.

。

1 2 3 ・やっと 寝(ね)られる。 간신히 잘 수 있다.

。

1 2 3 ・ちょっと 寝(ね)たい。 좀 자고 싶다.

。

のむ 마시다

のむ

해석을 보고 동사 「のむ」를 알맞은 형태로 활용하여 빈칸에 적어 봅시다.

- コーヒーを ＿＿＿＿。 마십니다
- みずを ＿＿＿。 마셨다
- ビールを ＿＿＿＿＿。 마셨습니다
- こうちゃは ＿＿＿＿。 마시지 않는다
- きょうは おちゃを ＿＿＿＿＿。 마시지 않습니다
- コーヒーは ＿＿＿＿＿＿。 마시지 않았다
- ゆうべ おさけは ＿＿＿＿＿＿＿＿。 마시지 않았습니다
- ぎゅうにゅうを ＿＿＿ います。 마시고
- あついから あそこで ジュースでも ＿＿＿。 마시자
- ココアは いつでも ＿＿＿。 마실 수 있다
- つめたい ビールが ＿＿＿＿。 마시고 싶다

새 단어

コーヒー 커피	こうちゃ 홍차	おちゃ 차, 녹차
おさけ 술	あつい 덥다, 더운	いつ 언제
ココア 코코아	つめたい 차갑다, 차가운	

飲(の)む 마시다 1그룹

또박또박 세 번씩 읽고 예쁘게 따라 써 봅시다.

・コーヒーを 飲(の)みます。 커피를 마십니다.

。

・みずを 飲(の)んだ。 물을 마셨다.

。

・ビールを 飲(の)みました。 맥주를 마셨습니다.

。

・こうちゃは 飲(の)まない。 홍차는 마시지 않는다.

。

・きょうは おちゃを 飲(の)みません。 오늘은 차를 마시지 않습니다.

。

・コーヒーは 飲(の)まなかった。 커피는 마시지 않았다.

。

・ゆうべ おさけは 飲(の)みませんでした。 어젯밤 술은 마시지 않았습니다.

。

・ぎゅうにゅうを 飲(の)んで います。 우유를 마시고 있습니다.

。

・あついから あそこで ジュースでも 飲(の)もう。
더우니까 저기에서 주스라도 마시자.

。

・ココアは いつでも 飲(の)める。 코코아는 언제든지 마실 수 있다.

。

・つめたい ビールが 飲(の)みたい。 차가운 맥주를 마시고 싶다.

。

のる 타다

のる

해석을 보고 동사 「のる」를 알맞은 형태로 활용하여 빈칸에 적어 봅시다.

- ちかてつに ＿＿＿＿。 탑니다
- ゆうべは タクシーに ＿＿＿。 탔다
- バスに ＿＿＿＿＿。 탔습니다
- ちかてつは あまり ＿＿＿＿。 타지 않는다
- タクシーは あまり ＿＿＿＿＿。 타지 않습니다
- こんしゅうは じてんしゃに ＿＿＿＿＿＿。 타지 않았다
- せんしゅうは タクシーに ＿＿＿＿＿＿＿＿。 타지 않았습니다
- あそこで バスに ＿＿＿ ください。 타
- あそこで バスに ＿＿＿。 타자
- あの こうえんでは じてんしゃに ＿＿＿。 탈 수 있다
- つかれたので タクシーに ＿＿＿＿。 타고 싶다

새 단어

ちかてつ 지하철
～に(＋のる) ～을/를 (+타다)
タクシー 택시
バス 버스
こんしゅう 이번 주

乗(の)る 타다 1그룹

또박또박 세 번씩 읽고 예쁘게 따라 써 봅시다.

・ちかてつに 乗(の)ります。 지하철을 탑니다.

TIP 동사 のる 앞에 오는 목적어에는 조사 に를 사용합니다.

・ゆうべは タクシーに 乗(の)った。 지난밤에는 택시를 탔다.

・バスに 乗(の)りました。 버스를 탔습니다.

・ちかてつは あまり 乗(の)らない。 지하철은 그다지 타지 않는다.

・タクシーは あまり 乗(の)りません。 택시는 그다지 타지 않습니다.

・こんしゅうは じてんしゃに 乗(の)らなかった。
이번 주에는 자전거를 타지 않았다.

・せんしゅうは タクシーに 乗(の)りませんでした。
지난주에는 택시를 타지 않았습니다.

・あそこで バスに 乗(の)って ください。 저기에서 버스를 타 주세요(타세요).

・あそこで バスに 乗(の)ろう。 저기에서 버스를 타자.

・あの こうえんでは じてんしゃに 乗(の)れる。 저 공원은 자전거를 탈 수 있다.

・つかれたので タクシーに 乗(の)りたい。 지쳤기 때문에 택시를 타고 싶다.

はいる 들어가다, 들어오다

1 그룹 2 그룹 3 그룹

はいる

해석을 보고 동사 「はいる」를 알맞은 형태로 활용하여 빈칸에 적어 봅시다.

・へやに ＿＿＿＿＿。 들어갑니다

・みみに みずが ＿＿＿＿。 들어왔다

・これが やっと てに ＿＿＿＿＿＿。 들어왔습니다

・あしに ちからが ＿＿＿＿＿。 들어가지 않는다

・てに ちからが ＿＿＿＿＿＿。 들어가지 않습니다

・しょくどうには ＿＿＿＿＿＿＿。 들어가지 않았다

・きのうは おふろに ＿＿＿＿＿＿＿＿＿。 들어가지 않았습니다

・その ほんは かばんの なかに ＿＿＿＿ います。 들어

・あの カフェに ＿＿＿＿。 들어가자

・じゅうにじには きょうしつに ＿＿＿＿。 들어갈 수 있다

・ソウルだいがくに ＿＿＿＿＿。 들어가고 싶다

새 단어

みみ 귀　　あし 다리　　ちから 힘
おふろ 목욕　　おふろに はいる 목욕을 하다　　カフェ 카페
きょうしつ 교실　　じゅうにじ 12시

はい 入る 들어가다, 들어오다

또박또박 세 번씩 읽고 예쁘게 따라 써 봅시다.

1 2 3 ・へやに 入(はい)ります。 방에 들어갑니다.

。

1 2 3 ・みみに みずが 入(はい)った。 귀에 물이 들어왔다.

。

1 2 3 ・これが やっと てに 入(はい)りました。 이것이 드디어 손에 들어왔습니다.

。

1 2 3 ・あしに ちからが 入(はい)らない。 다리에 힘이 들어가지 않는다.

。

1 2 3 ・てに ちからが 入(はい)りません。 손에 힘이 들어가지 않습니다.

。

1 2 3 ・しょくどうには 入(はい)らなかった。 식당에는 들어가지 않았다.

。

1 2 3 ・きのうは おふろに 入(はい)りませんでした。
어제는 목욕을 하지 않았습니다.

TIP '욕조'라는 뜻의 おふろ와 はいる를 함께 써서 おふろに はいる라고 하면 '목욕을 하다'라는 뜻이 된다.

。

1 2 3 ・その ほんは かばんの なかに 入(はい)って います。
그 책은 가방 안에 들어 있습니다

。

1 2 3 ・あの カフェに 入(はい)ろう。 저 카페에 들어가자.

。

1 2 3 ・じゅうにじには きょうしつに 入(はい)れる。 12시에는 교실에 들어갈 수 있다.

。

1 2 3 ・ソウルだいがくに 入(はい)りたい。 서울대학교에 들어가고 싶다.

。

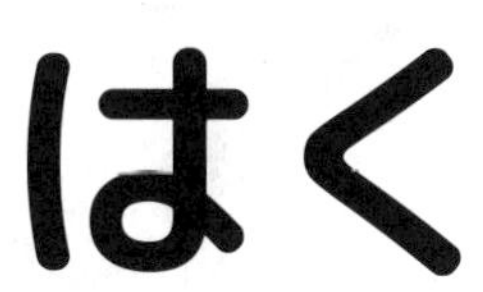

はく (하의를) 입다, (신발을) 신다

1 그룹 2 그룹 3 그룹

はく

해석을 보고 동사 「はく」를 알맞은 형태로 활용하여 빈칸에 적어 봅시다.

- くつを ＿＿＿＿。 신습니다
- スカートを ＿＿＿。 입었다
- ズボンを ＿＿＿＿＿。 입었습니다
- くつしたは ＿＿＿＿。 신지 않는다
- うんどうぐつは あまり ＿＿＿＿＿。 신지 않습니다
- くつしたは ＿＿＿＿＿＿。 신지 않았다
- きのうは この ズボンを ＿＿＿＿＿＿＿＿。 입지 않았습니다
- ブーツを ＿＿＿ います。 신고
- きょうは この くつを ＿＿＿。 신자
- この ガラスの くつは ＿＿＿。 신을 수 있다
- らくな くつを ＿＿＿＿。 신고 싶다

새 단어

スカート 스커트, 치마　うんどうぐつ 운동화　ブーツ 부츠
ガラス 유리　らくな 편한

履(は)く (하의를) 입다, (신발을) 신다 1그룹

또박또박 세 번씩 읽고 예쁘게 따라 써 봅시다.

1 2 3
- くつを 履(は)きます。 구두를 신습니다.

1 2 3
- スカートを 履(は)いた。 스커트를 입었다.

1 2 3
- ズボンを 履(は)きました。 바지를 입었습니다.

1 2 3
- くつしたは 履(は)かない。 양말은 신지 않는다.

1 2 3
- うんどうぐつは あまり 履(は)きません。 운동화는 그다지 신지 않습니다.

1 2 3
- くつしたは 履(は)かなかった。 양말을 신지 않았다.

1 2 3
- きのうは この ズボンを 履(は)きませんでした。
  어제는 이 바지를 입지 않았습니다.

1 2 3
- ブーツを 履(は)いて います。 부츠를 신고 있습니다.

1 2 3
- きょうは この くつを 履(は)こう。 오늘은 이 구두를 신자.

1 2 3
- この ガラスの くつは 履(は)ける。 이 유리 구두는 신을 수 있다.

1 2 3
- らくな くつを 履(は)きたい。 편한 구두를 신고 싶다.

はじめる 시작하다

はじめる

해석을 보고 동사 「はじめる」를 알맞은 형태로 활용하여 빈칸에 적어 봅시다.

- じゅぎょうを ______。 시작합니다
- かいぎを ______。 시작했다
- こうえんを ______。 시작했습니다
- ごがつまで うんどうは ______。 시작하지 않는다
- しちがつまで こうじは ______。 시작하지 않습니다
- ダイエットは ______。 시작하지 않았다
- しゅうしょくかつどうは ______。 시작하지 않았습니다
- れんしゅうを ______ ください。 시작해
- すいえいを ______。 시작하자
- いつでも ______。 시작할 수 있다
- そろそろ かいぎを ______。 시작하고 싶다

새 단어

じゅぎょう 수업
しちがつ 7월
れんしゅう 연습
こうえん 공연
こうじ 공사
すいえい 수영
ごがつ 5월
しゅうしょくかつどう 취업 활동
そろそろ 슬슬

始(はじ)める 시작하다

또박또박 세 번씩 읽고 예쁘게 따라 써 봅시다.

1 2 3 ・じゅぎょうを 始(はじ)めます。 수업을 시작합니다.

。

1 2 3 ・かいぎを 始(はじ)めた。 회의를 시작했다.

。

1 2 3 ・こうえんを 始(はじ)めました。 공연을 시작했습니다.

。

1 2 3 ・ごがつまで うんどうは 始(はじ)めない。 5월까지 운동은 시작하지 않는다.

。

1 2 3 ・しちがつまで こうじは 始(はじ)めません。 7월까지 공사는 시작하지 않습니다.

。

1 2 3 ・ダイエットは 始(はじ)めなかった。 다이어트는 시작하지 않았다.

。

1 2 3 ・しゅうしょくかつどうは 始(はじ)めませんでした。
취업 활동은 시작하지 않았습니다.

。

1 2 3 ・れんしゅうを 始(はじ)めて ください。 연습을 시작해 주세요.

。

1 2 3 ・すいえいを 始(はじ)めよう。 수영을 시작하자

。

1 2 3 ・いつでも 始(はじ)められる。 언제든지 시작할 수 있다.

。

1 2 3 ・そろそろ かいぎを 始(はじ)めたい。 슬슬 회의를 시작하고 싶다.

。

はしる 달리다

はしる

해석을 보고 동사 「はしる」를 알맞은 형태로 활용하여 빈칸에 적어 봅시다.

- まいにち こうえんを ＿＿＿＿＿。 달립니다
- あさから うんどうじょうを ＿＿＿＿。 달렸다
- まいあさ さんじゅっぷんずつ ＿＿＿＿＿＿。 달렸습니다
- きょうは つかれて ＿＿＿＿＿。 달리지 않는다
- あしが いたくて ＿＿＿＿＿＿。 달리지 않습니다
- こしが いたくて ＿＿＿＿＿＿＿。 달리지 않았다
- けさは つかれて ＿＿＿＿＿＿＿＿＿。 달리지 않았습니다
- けんこうの ために ＿＿＿＿ います。 달리고
- あの こうえんまで ＿＿＿＿。 달리자
- あの ビルまで ＿＿＿＿。 달릴 수 있다
- ダイエットの ために ＿＿＿＿＿。 달리고 싶다

새 단어

うんどうじょう 운동장	いたくて 아파서, 아프고	こし 허리
ビル 건물, 빌딩	けんこう 건강	～の ために ～을/를 위해서

走る(はし) 달리다 1그룹

또박또박 세 번씩 읽고 예쁘게 따라 써 봅시다.

- まいにち こうえんを 走(はし)ります。 매일 공원을 달립니다.

  。
- あさから うんどうじょうを 走(はし)った。 아침부터 운동장을 달렸다.

  。
- まいあさ さんじゅっぷんずつ 走(はし)りました。
  매일 아침 30분씩 달렸습니다.

  。
- きょうは つかれて 走(はし)らない。 오늘은 피곤해서 달리지 않는다.

  。
- あしが いたくて 走(はし)りません。 다리가 아파서 달리지 않습니다.

  。
- こしが いたくて 走(はし)らなかった。 허리가 아파서 달리지 않았다.

  。
- けさは つかれて 走(はし)りませんでした。
  오늘 아침은 피곤해서 달리지 않았습니다.

  。
- けんこうの ために 走(はし)って います。 건강을 위해서 달리고 있습니다.

  。
- あの こうえんまで 走(はし)ろう。 저 공원까지 달리자.

  。
- あの ビルまで 走(はし)れる。 저 건물까지 달릴 수 있다.

  。
- ダイエットの ために 走(はし)りたい。 다이어트를 위해서 달리고 싶다.

  。

はたらく 일하다

はたらく

해석을 보고 동사「はたらく」를 알맞은 형태로 활용하여 빈칸에 적어 봅시다.

・がっこうで ＿＿＿＿＿＿。 일합니다
・コンビニで ＿＿＿＿＿。 일했다
・レストランで ＿＿＿＿＿＿＿。 일했습니다
・あの ひとは ぜんぜん ＿＿＿＿＿＿。 일하지 않는다
・ふたりは ぜんぜん ＿＿＿＿＿＿＿。 일하지 않습니다
・せんしゅうは ＿＿＿＿＿＿＿＿。 일하지 않았다
・おとといは ＿＿＿＿＿＿＿＿＿＿。 일하지 않았습니다
・びょういんで ＿＿＿＿＿ います。 일하고
・ぎんこうで ＿＿＿＿＿。 일하자
・この かいしゃでは がいこくじんも ＿＿＿＿＿。 일할 수 있다
・デパートで ＿＿＿＿＿＿。 일하고 싶다

새 단어

コンビニ 편의점　　レストラン 레스토랑, 식당　　びょういん 병원
ぎんこう 은행　　がいこくじん 외국인

はたら 働く 일하다

1 그룹

또박또박 세 번씩 읽고 예쁘게 따라 써 봅시다.

1 2 3 ・がっこうで 働きます。 학교에서 일합니다.

。

1 2 3 ・コンビニで 働いた。 편의점에서 일했다.

。

1 2 3 ・レストランで 働きました。 식당에서 일했습니다.

。

1 2 3 ・あの ひとは ぜんぜん 働かない。 그 사람은 전혀 일하지 않는다.

。

1 2 3 ・ふたりは ぜんぜん 働きません。 두 사람은 전혀 일하지 않습니다.

。

1 2 3 ・せんしゅうは 働かなかった。 지난주에는 일하지 않았다.

。

1 2 3 ・おとといは 働きませんでした。 그저께는 일하지 않았습니다.

。

1 2 3 ・びょういんで 働いて います。 병원에서 일하고 있습니다.

。

1 2 3 ・ぎんこうで 働こう。 은행에서 일해야지.

。

1 2 3 ・この かいしゃでは がいこくじんも 働ける。
이 회사에서는 외국인도 일할 수 있다.

。

1 2 3 ・デパートで 働きたい。 백화점에서 일하고 싶다.

。

はなす 이야기하다

はなす

해석을 보고 동사 「はなす」를 알맞은 형태로 활용하여 빈칸에 적어 봅시다.

- にほんごで ＿＿＿＿＿。 이야기합니다
- スペインごで ＿＿＿＿＿。 이야기했다
- ぶちょうには ＿＿＿＿＿。 이야기했습니다
- ははには ＿＿＿＿＿。 이야기하지 않는다
- ひみつは ぜったい ＿＿＿＿＿。 이야기하지 않습니다
- たなかさんは ひとことも ＿＿＿＿＿。 이야기하지 않았다
- ニュースに ついては ＿＿＿＿＿。 이야기하지 않았습니다
- くわしく ＿＿＿＿＿ ください。 이야기해
- さとうさんにも ＿＿＿＿＿。 이야기하자
- えいごを ぺらぺら ＿＿＿＿＿。 이야기할 수 있다
- じけんに ついて ぜんぶ ＿＿＿＿＿。 이야기하고 싶다

새 단어

スペインご 스페인어　ぶちょう 부장(님)　ひとこと 한 마디
ニュース 뉴스　くわしく 자세히　ぺらぺら 술술(외국어를 잘하는 모양)

話す(はなす) 이야기하다

1 그룹

65 MP3

또박또박 세 번씩 읽고 예쁘게 따라 써 봅시다.

- にほんごで 話(はな)します。 일본어로 이야기합니다.
- スペインごで 話(はな)した。 스페인어로 이야기했다.
- ぶちょうには 話(はな)しました。 부장님에게는 이야기했습니다.
- ははには 話(はな)さない。 엄마에게는 이야기하지 않는다.
- ひみつは ぜったい 話(はな)しません。 비밀은 전혀 말하지 않습니다.
- たなかさんは ひとことも 話(はな)さなかった。 다나카 씨는 한 마디도 이야기하지 않았다.
- ニュースに ついては 話(はな)しませんでした。 뉴스에 관해서는 이야기하지 않았습니다.
- くわしく 話(はな)して ください。 자세히 이야기해 주세요.
- さとうさんにも 話(はな)そう。 사토 씨에게도 이야기하자.
- えいごを ぺらぺら 話(はな)せる。 영어를 술술 이야기할 수 있다.
- じけんに ついて ぜんぶ 話(はな)したい。 사건에 대해서 전부 이야기하고 싶다.

はる 붙이다

はる

해석을 보고 동사 「はる」를 알맞은 형태로 활용하여 빈칸에 적어 봅시다.

・おしらせを ＿＿＿＿。 붙입니다
・しゃしんを ＿＿＿。 붙였다
・かべに えを ＿＿＿＿＿。 붙였습니다
・まどには なにも ＿＿＿＿。 붙이지 않는다
・れいぞうこに メモは ＿＿＿＿＿。 붙이지 않습니다
・てがみに きってを ＿＿＿＿＿＿。 붙이지 않았다
・まどには なにも ＿＿＿＿＿＿＿＿。 붙이지 않았습니다
・この ちらしを ＿＿＿ ください。 붙여
・ここに ポスターを ＿＿＿。 붙이자
・けいじばんには ちらしを ＿＿＿。 붙일 수 있다
・えいがの ポスターを ＿＿＿＿。 붙이고 싶다

새 단어

おしらせ 공지, 공지문　れいぞうこ 냉장고　メモ 메모
きって 우표　ちらし 전단지　ポスター 포스터
けいじばん 게시판

貼(は)る 붙이다 1그룹

또박또박 세 번씩 읽고 예쁘게 따라 써 봅시다.

・おしらせを 貼(は)ります。 공지를 붙입니다.

・しゃしんを 貼(は)った。 사진을 붙였다.

・かべに えを 貼(は)りました。 벽에 그림을 붙였습니다.

・まどには なにも 貼(は)らない。 창문에는 아무것도 붙이지 않는다.

・れいぞうこに メモは 貼(は)りません。 냉장고에 메모는 붙이지 않습니다.

・てがみに きってを 貼(は)らなかった。 편지에 우표를 붙이지 않았다.

・まどには なにも 貼(は)りませんでした。 창문에는 아무것도 붙이지 않았습니다.

・この ちらしを 貼(は)って ください。 이 전단지를 붙여 주세요.

・ここに ポスターを 貼(は)ろう。 여기에 포스터를 붙이자.

・けいじばんには ちらしを 貼(は)れる。 게시판에는 전단지를 붙일 수 있다.

・えいがの ポスターを 貼(は)りたい。 영화 포스터를 붙이고 싶다.

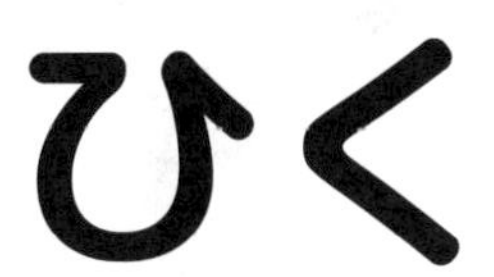

ひく (악기를) 치다, 켜다

ひく

해석을 보고 동사 「ひく」를 알맞은 형태로 활용하여 빈칸에 적어 봅시다.

- ギターを ＿＿＿＿。 칩니다
- ピアノを ＿＿＿。 쳤다
- バイオリンを ＿＿＿＿＿。 켰습니다
- ベースギターは ＿＿＿＿。 치지 않는다
- キーボードは ＿＿＿＿＿。 치지 않습니다
- きのうは バイオリンを ＿＿＿＿＿＿。 켜지 않았다
- その ひは ギターを ＿＿＿＿＿＿＿＿。 치지 않았습니다
- あさから ずっと ピアノを ＿＿＿ います。 치고
- たのしく キーボードを ＿＿＿。 치자
- トーマスは ベースギターが ＿＿＿。 칠 수 있다
- いっしょに ギターを ＿＿＿＿。 치고 싶다

새 단어

ギター 기타　**バイオリン** 바이올린　**ベースギター** 베이스 기타
キーボード 키보드

弾く (악기를) 치다, 켜다

1 그룹

또박또박 세 번씩 읽고 예쁘게 따라 써 봅시다.

- ギターを 弾きます。 기타를 칩니다.
- ピアノを 弾いた。 피아노를 쳤다.
- バイオリンを 弾きました。 바이올린을 켰습니다.
- ベースギターは 弾かない。 베이스 기타는 치지 않는다.
- キーボードは 弾きません。 키보드는 치지 않습니다.
- きのうは バイオリンを 弾かなかった。 어제는 바이올린을 켜지 않았다.
- その ひは ギターを 弾きませんでした。 그날은 기타를 치지 않았습니다.
- あさから ずっと ピアノを 弾いて います。 아침부터 쭉 피아노를 치고 있습니다.
- たのしく キーボードを 弾こう。 즐겁게 키보드를 치자.
- トーマスは ベースギターが 弾ける。 토마스는 베이스 기타를 칠 수 있다.
- いっしょに ギターを 弾きたい。 함께 기타를 치고 싶다.

ふる (비 · 눈 등이) 내리다

ふる

해석을 보고 동사 「ふる」를 알맞은 형태로 활용하여 빈칸에 적어 봅시다.

- あめが ＿＿＿＿。 내립니다
- ゆきが ＿＿＿。 내렸다
- ゆうべ おおあめが ＿＿＿＿＿。 내렸습니다
- この まちは ゆきが ＿＿＿＿。 내리지 않는다
- この まちは あめしか ＿＿＿＿＿。 내리지 않습니다
- さいきんは あめが ＿＿＿＿＿＿。 내리지 않았다
- さいきんは ゆきが ＿＿＿＿＿＿＿＿。 내리지 않았습니다
- おおあめが ＿＿＿ います。 내리고
- あめが ＿＿＿ と して います。 내리려(고)

あめ 비　　ゆき 눈　　さいきん 최근

降(ふ)る (비・눈 등이) 내리다

또박또박 세 번씩 읽고 예쁘게 따라 써 봅시다.

1 2 3 ・あめが 降(ふ)ります。 비가 내립니다.

。

1 2 3 ・ゆきが 降(ふ)った。 눈이 내렸다.

。

1 2 3 ・ゆうべ おおあめが 降(ふ)りました。 지난밤 폭우가 내렸습니다.

。

1 2 3 ・この まちは ゆきが 降(ふ)らない。 이 마을은 눈이 내리지 않는다.

。

1 2 3 ・この まちは あめしか 降(ふ)りません。 이 마을은 비밖에 내리지 않습니다.

。

1 2 3 ・さいきんは あめが 降(ふ)らなかった。 최근에는 비가 내리지 않았다.

。

1 2 3 ・さいきんは ゆきが 降(ふ)りませんでした。 최근에는 눈이 내리지 않았습니다.

。

1 2 3 ・おおあめが 降(ふ)って います。 폭우가 내리고 있습니다.

。

1 2 3 ・あめが 降(ふ)ろうと して います。 비가 내리려고 합니다.

。

まがる 굽다, 꺾다, 돌다

まがる

해석을 보고 동사 「まがる」를 알맞은 형태로 활용하여 빈칸에 적어 봅시다.

- かどを ＿＿＿＿＿。 돕니다
- こしが ＿＿＿＿。 굽었다
- ひだりに ＿＿＿＿＿＿。 돌았습니다
- くびが ＿＿＿＿＿。 구부러지지 않는다
- ひだりに ＿＿＿＿＿＿。 돌아가지 않습니다
- きのう ゆびが ＿＿＿＿＿＿＿。 구부러지지 않았다
- けがを して ゆびが ＿＿＿＿＿＿＿＿＿。 구부러지지 않았습니다
- あの かどを みぎに ＿＿＿＿ ください。 돌아
- ここで ひだりに ＿＿＿＿。 꺾자
- あそこで ひだりに ＿＿＿＿。 꺾을 수 있다

새 단어

かど 모퉁이　ひだり 왼쪽　くび 목
ドライバー 드라이버　みぎ 오른쪽

曲(ま)がる 굽다, 꺾다, 돌다

또박또박 세 번씩 읽고 예쁘게 따라 써 봅시다.

- かどを 曲(ま)がります。 모퉁이를 돕니다.

- こしが 曲(ま)がった。 허리가 굽었다.

- ひだりに 曲(ま)がりました。 왼쪽으로 돌았습니다.

- くびが 曲(ま)がらない。 목이 구부러지지 않는다.

- ひだりに 曲(ま)がりません。 왼쪽으로 돌아가지 않습니다.

- きのう ゆびが 曲(ま)がらなかった。
  어제 손가락이 구부러지지 않았다.

- けがを して ゆびが 曲(ま)がりませんでした。
  다쳐서 손가락이 구부러지지 않았습니다

- あの かどを みぎに 曲(ま)がって ください。
  저 모퉁이를 오른쪽으로 돌아 주세요.

- ここで ひだりに 曲(ま)がろう。 여기에서 왼쪽으로 꺾자.

- あそこで ひだりに 曲(ま)がれる。 저기에서 왼쪽으로 꺾을 수 있다.

まつ 기다리다

1 그룹 2 그룹 3 그룹

まつ

해석을 보고 동사 「まつ」를 알맞은 형태로 활용하여 빈칸에 적어 봅시다.

- ともだちを ＿＿＿＿。 기다립니다
- ちちを ＿＿＿。 기다렸다
- にじかんはん ＿＿＿＿＿。 기다렸습니다
- もうにどと ＿＿＿＿。 기다리지 않는다
- これいじょう ＿＿＿＿＿。 기다리지 않겠습니다
- ごふんも ＿＿＿＿＿＿。 기다리지 않았다
- あまり ＿＿＿＿＿＿＿＿。 기다리지 않았습니다
- ちょっと ＿＿＿ ください。 기다려
- えきの まえで ＿＿＿。 기다리자
- いちじかんは ＿＿＿。 기다릴 수 있다
- ここで ＿＿＿＿。 기다리고 싶다

새 단어

にじかん 두 시간 これいじょう 이 이상 ごふん 5분

待(ま)つ 기다리다 1그룹

또박또박 세 번씩 읽고 예쁘게 따라 써 봅시다.

- ともだちを 待(ま)ちます。 친구를 기다립니다.
- ちちを 待(ま)った。 아빠를 기다렸다.
- にじかんはん 待(ま)ちました。 두 시간 반 기다렸습니다.
- もうにどと 待(ま)たない。 이제 두 번 다시 기다리지 않는다.
- これいじょう 待(ま)ちません。 이 이상 기다리지 않겠습니다.
- ごふんも 待(ま)たなかった。 5분도 기다리지 않았다.
- あまり 待(ま)ちませんでした。 그다지 기다리지 않았습니다.
- ちょっと 待(ま)って ください。 좀 기다려 주세요.
- えきの まえで 待(ま)とう。 역 앞에서 기다리자.
- いちじかんは 待(ま)てる。 한 시간은 기다릴 수 있다.
- ここで 待(ま)ちたい。 여기에서 기다리고 싶다.

みがく 닦다

1 그룹 2 그룹 3 그룹

みがく

해석을 보고 동사 「みがく」를 알맞은 형태로 활용하여 빈칸에 적어 봅시다.

- はを ＿＿＿＿＿＿。 닦습니다
- ガラスを きれいに ＿＿＿＿＿＿。 닦았다
- あさごはんを たべて はを ＿＿＿＿＿＿。 닦았습니다
- こどもが はを よく ＿＿＿＿＿＿。 닦지 않는다
- はブラシで はを ＿＿＿＿＿＿。 닦지 않습니다
- なかむらさんは はを よく ＿＿＿＿＿＿。 닦지 않았다
- えんそうの じつりょくを ＿＿＿＿＿＿。 닦지 않았습니다
- ぎじゅつを ＿＿＿＿＿＿ います。 닦고
- たのしく かんがえる ちからを ＿＿＿＿＿＿。 기르자(닦자)
- この はブラシで はが きれいに ＿＿＿＿＿＿。 닦을 수 있다

새 단어

は 이　はブラシ 칫솔　えんそう 연주
じつりょく 실력　ぎじゅつ 기술

磨く(みがく) 닦다 1 그룹

또박또박 세 번씩 읽고 예쁘게 따라 써 봅시다.

・はを 磨(みが)きます。 이를 닦습니다.

。

・ガラスを きれいに 磨(みが)いた。 유리를 깨끗하게 닦았다.

。

・あさごはんを たべて はを 磨(みが)きました。 아침밥을 먹고 이를 닦았습니다.

。

・こどもが はを よく 磨(みが)かない。 아이가 이를 잘 닦지 않는다.

。

・はブラシで はを 磨(みが)きません。 칫솔로 이를 닦지 않습니다.

。

・なかむらさんは はを よく 磨(みが)かなかった。
나카무라 씨는 이를 잘 닦지 않았다.

。

・えんそうの じつりょくを 磨(みが)きませんでした。
연주 실력을 닦지 않았습니다.

。

・ぎじゅつを 磨(みが)いて います。 기술을 닦고 있습니다.

。

・たのしく かんがえる ちからを 磨(みが)こう。
즐겁게 생각하는 힘을 기르자(닦자).

。

・この はブラシで はが きれいに 磨(みが)ける。
이 칫솔로 이를 깨끗하게 닦을 수 있다.

。

みる 보다

みる

해석을 보고 동사 「みる」를 알맞은 형태로 활용하여 빈칸에 적어 봅시다.

・アニメーションを ＿＿＿。 봅니다
・いえで テレビを ＿＿。 봤다
・ともだちと えいがを ＿＿＿＿。 봤습니다
・きよたさんは あるく とき まえを ＿＿＿。 보지 않는다
・この ドラマは もう ＿＿＿＿。 보지 않습니다
・この えいがは ＿＿＿＿＿。 보지 않았다
・その ばんぐみは ＿＿＿＿＿＿＿。 보지 않았습니다
・あるく ときは まえを ＿＿ ください。 봐
・あたらしい アニメを ＿＿＿。 보자
・その えいがは こどもでも ＿＿＿＿。 볼 수 있다
・つまぶきさとしの あたらしい えいがが ＿＿＿。 보고 싶다

새 단어

アニメーション 애니메이션　テレビ 텔레비전　ばんぐみ 프로그램
アニメ 애니메이션(줄임말)

見(み)る 보다 2그룹

72 MP3

또박또박 세 번씩 읽고 예쁘게 따라 써 봅시다.

1 2 3 ・アニメーションを 見(み)ます。 애니메이션을 봅니다.

。

1 2 3 ・いえで テレビを 見(み)た。 집에서 텔레비전을 봤다.

。

1 2 3 ・ともだちと えいがを 見(み)ました。 친구와 영화를 봤습니다.

。

1 2 3 ・きよたさんは あるく とき まえを 見(み)ない。
기요타 씨는 걸을 때 앞을 보지 않는다.

。

1 2 3 ・この ドラマは もう 見(み)ません。 이 드라마는 더 이상 보지 않습니다.

。

1 2 3 ・この えいがは 見(み)なかった。 이 영화는 보지 않았다.

。

1 2 3 ・その ばんぐみは 見(み)ませんでした。 그 프로그램은 보지 않았습니다.

。

1 2 3 ・あるく ときは まえを 見(み)て ください。 걸을 때는 앞을 봐 주세요(보세요).

。

1 2 3 ・あたらしい アニメを 見(み)よう。 새로운 애니메이션을 보자.

。

1 2 3 ・その えいがは こどもでも 見(み)られる。 그 영화는 어린이도 볼 수 있다.

。

1 2 3 ・つまぶきさとしの あたらしい えいがが 見(み)たい。
츠마부키 사토시의 새 영화가 보고 싶다.

。

もつ 가지다, 들다

もつ

해석을 보고 동사 「もつ」를 알맞은 형태로 활용하여 빈칸에 적어 봅시다.

- かばんを ＿＿＿＿。 듭니다
- にほんごに きょうみを ＿＿＿。 가졌다
- クリスさんに こうかんを ＿＿＿＿＿。 가졌습니다.
- シンプルライフの ために なにも ＿＿＿＿。 가지지 않는다.
- うらみは ＿＿＿＿＿。 갖지 않습니다
- ぜんぜん ぎもんを ＿＿＿＿＿＿。 갖지 않았다
- わるい いんしょうを ＿＿＿＿＿＿＿＿。 갖지 않았습니다
- おもい かばんを ＿＿＿ います。 들고
- しずかに かんがえる じかんを ＿＿＿。 갖자
- まだ きぼうが ＿＿＿。 가질 수 있다
- じぶんの みせを ＿＿＿＿。 갖고 싶다

새 단어

きょうみ 흥미, 관심	こうかん 호감	シンプルライフ 심플 라이프
うらみ 원한	ぎもん 의문	わるい 나쁘다, 나쁜
いんしょう 인상	おもい 무겁다, 무거운	

持つ(も) 가지다, 들다

1 그룹

또박또박 세 번씩 읽고 예쁘게 따라 써 봅시다.

- かばんを 持(も)ちます。 가방을 듭니다.

。

- にほんごに きょうみを 持(も)った。 일본어에 관심을 가졌다.

。

- クリスさんに こうかんを 持(も)ちました。 크리스 씨에게 호감을 가졌습니다.

。

- シンプルライフの ために なにも 持(も)たない。
  심플 라이프를 위해서 아무것도 가지지 않는다.

。

- うらみは 持(も)ちません。 원한은 갖지 않습니다.

。

- ぜんぜん ぎもんを 持(も)たなかった。 전혀 의문을 갖지 않았다.

。

- いい いんしょうを 持(も)ちませんでした。 좋은 인상을 갖지 않았습니다.

。

- おもい かばんを 持(も)って います。 무거운 가방을 들고 있습니다.

。

- しずかに かんがえる じかんを 持(も)とう。 조용히 생각할 시간을 갖자.

。

- まだ きぼうが 持(も)てる。 아직 희망을 가질 수 있다.

。

- じぶんの みせを 持(も)ちたい。 자신의 가게를 갖고 싶다.

。

もらう 받다

もらう

해석을 보고 동사 「もらう」를 알맞은 형태로 활용하여 빈칸에 적어 봅시다.

- プレゼントを ＿＿＿＿＿。 받습니다
- おみやげを ＿＿＿＿。 받았다
- チケットを ＿＿＿＿＿＿。 받았습니다
- いらない じょうほうは ＿＿＿＿＿。 받지 않는다
- おかねは ＿＿＿＿＿＿。 받지 않습니다
- きゅうりょうは ＿＿＿＿＿＿＿。 받지 않았다
- メールは ＿＿＿＿＿＿＿＿＿。 받지 않았습니다
- くわしい しりょうを ＿＿＿＿ ください。 받아
- クーポンを ＿＿＿＿。 받자
- この クーポンで デザートが ＿＿＿＿。 받을 수 있다
- バレンタインに チョコを ＿＿＿＿＿。 받고 싶다

새 단어

おみやげ 여행 선물, 특산품
じょうほう 정보
チョコ 초콜릿
きゅうりょう 급료
しりょう 자료
くわしい 자세하다, 자세한
バレンタイン 밸런타인

もらう 받다 1 그룹

또박또박 세 번씩 읽고 예쁘게 따라 써 봅시다.

1 2 3 ・プレゼントを もらいます。선물을 받습니다.

。

1 2 3 ・おみやげを もらった。여행 선물을 받았다.

。

1 2 3 ・チケットを もらいました。티켓을 받았습니다.

。

1 2 3 ・いらない じょうほうは もらわない。필요없는 정보는 받지 않는다.

。

1 2 3 ・おかねは もらいません。돈은 받지 않습니다.

。

1 2 3 ・きゅうりょうは もらわなかった。급료는 받지 않았다.

。

1 2 3 ・メールは もらいませんでした。메일은 받지 않았습니다.

。

1 2 3 ・くわしい しりょうを もらって ください。자세한 자료를 받아 주세요.

。

1 2 3 ・クーポンを もらおう。쿠폰을 받자.

。

1 2 3 ・この クーポンで デザートが もらえる。
이 쿠폰으로 디저트를 받을 수 있다.

。

1 2 3 ・バレンタインに チョコを もらいたい。발렌타인에 초콜릿을 받고 싶다.

。

やすむ 쉬다

やすむ

해석을 보고 동사 「やすむ」를 알맞은 형태로 활용하여 빈칸에 적어 봅시다.

- いえで ＿＿＿＿＿。 쉽니다
- びょうきで かいしゃを ＿＿＿＿。 쉬었다
- きのうは かぜで がっこうを ＿＿＿＿＿＿。 쉬었습니다
- あの レストランは ぜんぜん ＿＿＿＿＿。 쉬지 않는다
- とやまさんは かぜでも ぜったい ＿＿＿＿＿＿。 쉬지 않습니다
- じゅうねんかん ＿＿＿＿＿＿＿。 쉬지 않았다
- きょねんは いちにちも ＿＿＿＿＿＿＿＿＿。 쉬지 않았습니다
- あたたかい へやで ＿＿＿＿ ください。 쉬어
- ちょっと ベンチで ＿＿＿＿。 쉬자
- この しゅうまつには ＿＿＿＿。 쉴 수 있다
- ゆっくりと ＿＿＿＿＿。 쉬고 싶다

새 단어

びょうき 병　じゅうねんかん 10년간, 10년 동안　いちにち 하루
あたたかい 따뜻하다, 따뜻한

休む(やす) 쉬다 1그룹

또박또박 세 번씩 읽고 예쁘게 따라 써 봅시다.

- いえで 休(やす)みます。 집에서 쉽니다.
- びょうきで かいしゃを 休(やす)んだ。 아파서 회사를 쉬었다.
- かぜで がっこうを 休(やす)みました。 감기 때문에 학교를 쉬었습니다.
- あの レストランは ぜんぜん 休(やす)まない。 저 레스토랑은 전혀 쉬지 않는다.
- とやまさんは かぜでも ぜったい 休(やす)みません。 도야마 씨는 감기여도 절대로 쉬지 않습니다.
- じゅうねんかん 休(やす)まなかった。 10년 동안 쉬지 않았다.
- きょねんは いちにちも 休(やす)みませんでした。 작년에는 하루도 쉬지 않았습니다.
- あたたかい へやで 休(やす)んで ください。 따뜻한 방에서 쉬세요.
- ちょっと ベンチで 休(やす)もう。 좀 벤치에서 쉬자.
- この しゅうまつには 休(やす)める。 이번 주말에는 쉴 수 있다.
- ゆっくりと 休(やす)みたい。 느긋하게 쉬고 싶다.

よぶ 부르다

よ ぶ

해석을 보고 동사 「よぶ」를 알맞은 형태로 활용하여 빈칸에 적어 봅시다.

- いもうとを ＿＿＿＿。 부릅니다
- おとうとを ＿＿＿。 불렀다
- ははを ＿＿＿＿＿。 불렀습니다
- ちちは ＿＿＿＿。 부르지 않는다
- あねは ＿＿＿＿＿。 부르지 않습니다
- あには ＿＿＿＿＿＿。 부르지 않았다
- きしゃは ＿＿＿＿＿＿＿＿。 부르지 않았습니다
- けいさつを ＿＿＿ います。 부르고
- いもうとを ＿＿＿。 부르자
- おおきい こえで ＿＿＿。 부를 수 있다
- けいさつを ＿＿＿＿。 부르고 싶다

새 단어

あね 언니, 누나　　あに 오빠, 형　　けいさつ 경찰
きしゃ 기자　　おおきい 크다, 큰

呼(よ)ぶ 부르다

1 그룹

76 MP3

또박또박 세 번씩 읽고 예쁘게 따라 써 봅시다.

- いもうとを 呼(よ)びます。 여동생을 부릅니다.
- おとうとを 呼(よ)んだ。 남동생을 불렀다.
- ははを 呼(よ)びました。 엄마를 불렀습니다.
- ちちは 呼(よ)ばない。 아빠는 부르지 않는다.
- あねは 呼(よ)びません。 언니는 부르지 않습니다.
- あには 呼(よ)ばなかった。 오빠는 부르지 않았다.
- きしゃは 呼(よ)びませんでした。 기자는 부르지 않았습니다.
- けいさつを 呼(よ)んで います。 경찰을 부르고 있습니다.
- いもうとを 呼(よ)ぼう。 여동생을 부르자.
- おおきい こえで 呼(よ)べる。 큰 목소리로 부를 수 있다.
- けいさつを 呼(よ)びたい。 경찰을 부르고 싶다.

よむ 읽다

よむ

해석을 보고 동사 「よむ」를 알맞은 형태로 활용하여 빈칸에 적어 봅시다.

- ほんを ＿＿＿＿。 읽습니다
- てがみを ＿＿＿。 읽었다
- けさ しんぶんを ＿＿＿＿＿。 읽었습니다
- しんぶんは ぜんぜん ＿＿＿＿。 읽지 않는다
- ほんは ぜんぜん ＿＿＿＿＿。 읽지 않습니다
- その きじは ＿＿＿＿＿＿。 읽지 않았다
- かれの ほんは ＿＿＿＿＿＿＿＿。 읽지 않았습니다
- その てがみを ＿＿＿ ください。 읽어
- いえで まんがを ＿＿＿。 읽자
- ゆりさんは かんじが ＿＿＿。 읽을 수 있다
- ギャグまんがが ＿＿＿＿。 읽고 싶다

새 단어

しんぶん 신문　きじ 기사　まんが 만화
かんじ 한자　ギャグまんが 개그 만화

読む(よ) 읽다 1 그룹

또박또박 세 번씩 읽고 예쁘게 따라 써 봅시다.

1 2 3 · ほんを 読(よ)みます。 책을 읽습니다.

。

1 2 3 · てがみを 読(よ)んだ。 편지를 읽었다.

。

1 2 3 · けさ しんぶんを 読(よ)みました。 오늘 아침 신문을 읽었습니다.

。

1 2 3 · しんぶんは ぜんぜん 読(よ)まない。 신문은 전혀 읽지 않는다.

。

1 2 3 · ほんは ぜんぜん 読(よ)みません。 책은 전혀 읽지 않습니다.

。

1 2 3 · その きじは 読(よ)まなかった。 그 기사는 읽지 않았다.

。

1 2 3 · かれの ほんは 読(よ)みませんでした。 그의 책은 읽지 않았습니다.

。

1 2 3 · その てがみを 読(よ)んで ください。 그 편지를 읽어 주세요.

。

1 2 3 · いえで まんがを 読(よ)もう。 집에서 만화책을 읽자.

。

1 2 3 · ゆりさんは かんじが 読(よ)める。 유리 씨는 한자를 읽을 수 있다.

。

1 2 3 · ギャグまんがが 読(よ)みたい。 개그 만화를 읽고 싶다.

。

わかる 알다, 이해하다

わかる

해석을 보고 동사 「わかる」를 알맞은 형태로 활용하여 빈칸에 적어 봅시다.

- めんどうくさいのは ________。 이해합니다
- その　きもちは　よく ________。 알았다
- じこの　げんいんが ________。 알았습니다
- パスワードが ________。 알지 않는다(모른다)
- この　しつもんの　こたえが ________。 알지 않습니다(모릅니다)
- つかいかたが ________。 알지 않았다(몰랐다)
- サイズが ________。 알지 않았습니다(몰랐습니다)
- その　くらいは ________ います。 그 정도는 알고 있습니다.

새 단어

めんどうくさい 귀찮다, 귀찮은　　きもち 마음, 기분　　じこ 사고
バスワード 비밀번호, 패스워드　　つかいかた 사용법　　くらい 정도

分(わ)かる 알다, 이해하다

또박또박 세 번씩 읽고 예쁘게 따라 써 봅시다.

- めんどうくさいのは 分(わ)かります。 귀찮은 것은 이해합니다.
- その きもちは よく 分(わ)かった。 그 마음은 잘 알았다.
- じこの げんいんが 分(わ)かりました。 사고 원인을 알았습니다.
- パスワードが 分(わ)からない。 비밀번호를 모른다.
- この しつもんの こたえが 分(わ)かりません。 이 질문의 답을 모르겠습니다.
- つかいかたが 分(わ)からなかった。 사용방법을 몰랐다.
- サイズが 分(わ)かりませんでした。 사이즈를 몰랐습니다.
- その くらいは 分(わ)かって います。 그 정도는 알고 있습니다.

わすれる 잊다

わ す れ る

해석을 보고 동사 「わすれる」를 알맞은 형태로 활용하여 빈칸에 적어 봅시다.

- やくそくを ＿＿＿＿＿＿。 잊습니다
- しゅくだいを ＿＿＿＿＿＿。 잊었다
- IDと パスワードを ＿＿＿＿＿＿。 잊었습니다
- たのしい おもいでは ＿＿＿＿＿＿。 잊지 않는다
- すずきさんの しんせつは いっしょう ＿＿＿＿＿＿。 잊지 않습니다
- さいごまで えがおを ＿＿＿＿＿＿。 잊지 않았다
- もくひょうを ＿＿＿＿＿＿。 잊지 않았습니다
- かさを すっかり ＿＿＿＿＿＿ いた。 잊고
- その じけんは もう ＿＿＿＿＿＿。 잊자
- じゅうねんごには ＿＿＿＿＿＿。 잊을 수 있다
- むかしの ことは ぜんぶ ＿＿＿＿＿＿。 잊고 싶다

새 단어

やくそく 약속　たのしい 즐거운　おもいで 추억
かさ 우산　じゅうねん 10년　～ご ~후
むかし 옛날

忘(わす)れる 잊다

2 그룹

또박또박 세 번씩 읽고 예쁘게 따라 써 봅시다.

・やくそくを 忘(わす)れます。 약속을 잊습니다.

・しゅくだいを 忘(わす)れた。 숙제를 잊었다

・IDと パスワードを 忘(わす)れました。 ID와 비밀번호를 잊었습니다.

・たのしい おもいでは 忘(わす)れない。 즐거운 기억은 잊지 않는다.

・すずきさんの しんせつは いっしょう 忘(わす)れません。
스즈키 씨의 친절함은 평생 잊지 않을 겁니다.

・さいごまで えがおを 忘(わす)れなかった。 마지막까지 미소를 잊지 않았다.

・もくひょうを 忘(わす)れませんでした。 목표를 잊지 않았습니다.

・かさを すっかり 忘(わす)れて いた。 우산을 완전히 잊고 있었다.

・その じけんは もう 忘(わす)れよう。 그 사건은 이제 잊자.

・じゅうねんごには 忘(わす)れられる。 10년 뒤에는 잊을 수 있다.

・むかしの ことは ぜんぶ 忘(わす)れたい。 옛날 일은 전부 잊고 싶다.

わたす 건네다, 주다

わたす

해석을 보고 동사 「わたす」를 알맞은 형태로 활용하여 빈칸에 적어 봅시다.

- しおを ＿＿＿＿＿。 건넵니다
- さとうを ＿＿＿＿。 건넸다
- ほんを ＿＿＿＿＿＿。 건넸습니다
- しょうこは ＿＿＿＿＿。 건네지 않는다
- わたしの おにぎりは ＿＿＿＿＿＿。 주지 않습니다
- バレンタインチョコを ＿＿＿＿＿＿＿。 건네지 않았다
- じゅうような データは ＿＿＿＿＿＿＿＿＿。 주지 않았습니다
- この てがみを もりさんに ＿＿＿＿ください。 건네
- すきな ひとに チョコレートを ＿＿＿＿。 주자
- USBメモリで データを かんたんに ＿＿＿＿。 줄 수 있다
- まきさんに チョコレートを ＿＿＿＿＿。 주고 싶다

새 단어

しお 소금	しょうこ 증거	おにぎり 주먹밥
バレンタインチョコ 밸런타인 초콜릿		じゅうような 중요한
データ 데이터, 자료	チョコレート 초콜릿	USBメモリ USB메모리

渡す（わた） 건네다, 주다 1 그룹

또박또박 세 번씩 읽고 예쁘게 따라 써 봅시다.

1 2 3 ・しおを 渡（わた）します。 소금을 건넵니다.

。

1 2 3 ・さとうを 渡（わた）した。 설탕을 건넸다.

。

1 2 3 ・ほんを 渡（わた）しました。 책을 건넸습니다.

。

1 2 3 ・しょうこは 渡（わた）さない。 증거는 건네지 않는다.

。

1 2 3 ・わたしの おにぎりは 渡（わた）しません。 내 주먹밥은 주지 않습니다.

。

1 2 3 ・バレンタインチョコを 渡（わた）さなかった。 밸런타인 초콜릿을 건네지 않았다.

。

1 2 3 ・じゅうような データは 渡（わた）しませんでした。 중요한 자료는 주지 않았습니다.

。

1 2 3 ・この てがみを もりさんに 渡（わた）して ください。
이 편지를 모리 씨에게 건네 주세요.

。

1 2 3 ・すきな ひとに チョコレートを 渡（わた）そう。 좋아하는 사람에게 초콜릿을 주자.

。

1 2 3 ・USBメモリで データを かんたんに 渡（わた）せる。
USB메모리로 데이터를 간단하게 줄 수 있다.

。

1 2 3 ・まきさんに チョコレートを 渡（わた）したい。 마키 씨에게 초콜릿을 주고 싶다.

。

부록

한눈에 보는 동사 활용표

한눈에 보는 그룹별 동사

한눈에 보는 단어

한눈에 보는 동사 기초 활용표

	사전형	～ます ～(합)니다	～ました ～(했)습니다	～ません ～(하)지 않습니다	～ませんでした ～(하)지 않았습니다
1그룹	会(あ)う 만나다	会(あ)います 만납니다	会(あ)いました 만났습니다	会(あ)いません 만나지 않습니다	会(あ)いませんでした 만나지 않았습니다
	勝(か)つ 이기다	勝(か)ちます 이깁니다	勝(か)ちました 이겼습니다	勝(か)ちません 이기지 않습니다	勝(か)ちませんでした 이기지 않았습니다
	座(すわ)る 앉다	座(すわ)ります 앉습니다	座(すわ)りました 앉았습니다	座(すわ)りません 앉지 않습니다	座(すわ)りませんでした 앉지 않았습니다
	死(し)ぬ 죽다	死(し)にます 죽습니다	死(し)にました 죽었습니다	死(し)にません 죽지 않습니다	死(し)にませんでした 죽지 않았습니다
	遊(あそ)ぶ 놀다	遊(あそ)びます 놉니다	遊(あそ)びました 놀았습니다	遊(あそ)びません 놀지 않습니다	遊(あそ)びませんでした 놀지 않았습니다
	飲(の)む 마시다	飲(の)みます 마십니다	飲(の)みました 마셨습니다	飲(の)みません 마시지 않습니다	飲(の)みませんでした 마시지 않았습니다
	歩(ある)く 걷다	歩(ある)きます 걷습니다	歩(ある)きました 걸었습니다	歩(ある)きません 걷지 않습니다	歩(ある)きませんでした 걷지 않았습니다
	泳(およ)ぐ 헤엄치다	泳(およ)ぎます 헤엄칩니다	泳(およ)ぎました 헤엄쳤습니다	泳(およ)ぎません 헤엄치지 않습니다	泳(およ)ぎませんでした 헤엄치지 않았습니다
	話(はな)す 이야기하다	話(はな)します 이야기합니다	話(はな)しました 이야기했습니다	話(はな)しません 이야기하지 않습니다	話(はな)しませんでした 이야기하지 않았습니다
	帰(かえ)る 돌아가다	帰(かえ)ります 돌아갑니다	帰(かえ)りました 돌아갔습니다	帰(かえ)りません 돌아가지 않습니다	帰(かえ)りませんでした 돌아가지 않았습니다
2그룹	見(み)る 보다	見(み)ます 봅니다	見(み)ました 봤습니다	見(み)ません 보지 않습니다	見(み)ませんでした 보지 않았습니다
	食(た)べる 먹다	食(た)べます 먹습니다	食(た)べました 먹었습니다	食(た)べません 먹지 않습니다	食(た)べませんでした 먹지 않았습니다
3그룹	する 하다	します 합니다	しました 했습니다	しません 하지 않습니다	しませんでした 하지 않았습니다
	来(く)る 오다	来(き)ます 옵니다	来(き)ました 왔습니다	来(き)ません 오지 않습니다	来(き)ませんでした 오지 않았습니다

	～ない ～(하)지 않는다	～なかった ～(하)지 않았다	～よう ～(하)자, ～(해)야지	～られる ～(할) 수 있다	～たい ～(하)고 싶다
	会(あ)わない 만나지 않는다	会(あ)わなかった 만나지 않았다	会(あ)おう 만나자, 만나야지	会(あ)える 만날 수 있다	会(あ)いたい 만나고 싶다
	勝(か)たない 이기지 않는다	勝(か)たなかった 이기지 않았다	勝(か)とう 이기자, 이겨야지	勝(か)てる 이길 수 있다	勝(か)ちたい 이기고 싶다
	座(すわ)らない 앉지 않는다	座(すわ)らなかった 앉지 않았다	座(すわ)ろう 앉자, 앉아야지	座(すわ)れる 앉을 수 있다	座(すわ)りたい 앉고 싶다
	死(し)なない 죽지 않는다	死(し)ななかった 죽지 않았다	死(し)のう 죽자, 죽어야지	死(し)ねる 죽을 수 있다	死(し)にたい 죽고 싶다
	遊(あそ)ばない 놀지 않는다	遊(あそ)ばなかった 놀지 않았다	遊(あそ)ぼう 놀자, 놀아야지	遊(あそ)べる 놀 수 있다	遊(あそ)びたい 놀고 싶다
	飲(の)まない 마시지 않는다	飲(の)まなかった 마시지 않았다	飲(の)もう 마시자, 마셔야지	飲(の)める 마실 수 있다	飲(の)みたい 마시고 싶다
	歩(ある)かない 걷지 않는다	歩(ある)かなかった 걷지 않았다	歩(ある)こう 걷자, 걸어야지	歩(ある)ける 걸을 수 있다	歩(ある)きたい 걷고 싶다
	泳(およ)がない 헤엄치지 않는다	泳(およ)がなかった 헤엄치지 않았다	泳(およ)ごう 헤엄치자, 헤엄쳐야지	泳(およ)げる 헤엄칠 수 있다	泳(およ)ぎたい 헤엄치고 싶다
	話(はな)さない 이야기하지 않는다	話(はな)さなかった 이야기하지 않았다	話(はな)そう 이야기하자, 이야기해야지	話(はな)せる 이야기할 수 있다	話(はな)したい 이야기하고 싶다
	帰(かえ)らない 돌아가지 않는다	帰(かえ)らなかった 돌아가지 않았다	帰(かえ)ろう 돌아가자, 돌아가야지	帰(かえ)れる 돌아갈 수 있다	帰(かえ)りたい 돌아가고 싶다
	見(み)ない 보지 않는다	見(み)なかった 보지 않았다	見(み)よう 보자, 봐야지	見(み)れる 볼 수 있다	見(み)たい 보고 싶다
	食(た)べない 먹지 않는다	食(た)べなかった 먹지 않았다	食(た)べよう 먹자, 먹어야지	食(た)べられる 먹을 수 있다	食(た)べたい 먹고 싶다
	しない 하지 않는다	しなかった 하지 않았다	しよう 하자, 해야지	できる 할 수 있다	したい 하고 싶다
	来(こ)ない 오지 않는다	来(こ)なかった 오지 않았다	来(こ)よう 오자, 와야지	来(こ)られる 올 수 있다	来(き)たい 오고 싶다

한눈에 보는 그룹별 동사

1그룹 동사

2그룹 동사

3그룹 동사

한눈에 보는 단어

あ

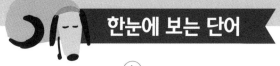

か

さ

な

は

ま

や

ら

わ